KB195707

반갑다 불안

반갑다
불안

황준철 지음

당신의 불안을
인생의 동력으로 바꾸는
변화 심리학

글의온도

일러두기

1. 본문에는 일상에서 쉽게 실천할 수 있는 〈불안과 하이파이브〉와 〈스몰 코칭〉 코너가 준비되어 있습니다. 현장에서 그 효과가 입증된 방법들만을 엄선했으며, 이 중 자신에게 맞는 방법 하나만 꾸준히 실천해도 놀라운 변화를 경험할 수 있습니다. 매일 조금씩 실천하다 보면 어느새 불안이 성장의 원동력으로 바뀌고, 당신의 삶은 더욱 단단해질 것입니다.

2. 본문에 등장하는 이름은 모두 가명입니다.

추천의 글

　　인간의 불안은 세상을 떠나는 날까지 함께하는 숙명적 동반자다. 심리학은 본질적으로 이 불안을 다루는 학문이다. 하지만 불안을 어떻게 바라보고 다뤄야 하는지, 그 과정과 결과를 일반인의 삶에서 제대로 이해하고 설명할 수 있는 심리학자는 많지 않다. 단순한 학문적 지식만으로는 불가능한 일이기 때문이다.

　진정한 통찰은 수많은 사람과 함께 일하며 그들을 세심히 관찰하고, 그들의 고민을 자신의 것으로 받아들이며, 더 나은 길을 함께 고민해온 풍부한 현장 경험이 많은 심리학자만이 해낼 수 있는 일이다. 저자는 이 어려운 과제를 탁월하게 해냈다. 전작《직장으로 간 심리학자》,《버티다 보면 괜찮아지나요?》가 수작(秀作)이었다면, 이번 책은 가히 걸작(傑作)의 반열에 올라설 만하다.

인지심리학자 **김경일**

당신의 불안, 지극히 정상입니다

40대 중반 즈음, 두 아이의 아빠로 살아가는 제 일상은 평온해 보였습니다. 아침에 일어나 아이들을 깨우고, 출근 준비를 하며, 회사에서 일하고 돌아와 가족과 저녁을 먹는 평범한 삶이었습니다. 그러다가 어느 가을날, 갑자기 찾아온 '죽음'에 대한 생각은 잔잔하던 삶을 뒤흔들어 놓았습니다.

퇴근길 지하철에서 문득 "내일 아침에 일어나지 못하면 어떻게 될까?"라는 생각이 들었습니다. 특별한 계기도 없이 찾아온 이 불안감은, 내가 사라진 후 가족들의 모습을 상상하게 했고, 그들을 위해 무언가를 해야 한다는 강한 책임감으로 이어졌습니다. 이 순간부터 나의 평온했던 일상은 끊임없는 불안과의 싸움이 되었습니다.

우리는 모두 행복한 삶을 꿈꾸지만, 현실은 늘 갈등과 고통의 연속입니다. 아침에 일어나 뉴스를 보면 세상은 온통 부정적인 소식들로 가득합니다. 직장에서는 끊임없는 경쟁과 압박이 있고, 가정에서는 자녀 교육과 경제적 부담이 우리를 짓누릅니다. 앞으로 말씀드리겠지만 이를 극복하기 위해서는 자기 이해를 바탕으로 한 끊임없는 적응과 변화가 필요합니다. 하지만 이 과정에서 우리의 성장은 답답할 정도로 느려 보입니다.

이 정도 살면 행복해야 하는데…

좋은 직장에 다니고, 가족도 있고, 남들이 부러워할 만한 조건을 갖추고 있는데도 왜 행복하지 않을까요? 이는 우리가 과거에 받았던 교육과 고정관념이 자기 이해와 건강한 자존감 형성을 방해했기 때문입니다.

예를 들어, 직장인 준석의 이야기를 들어보겠습니다. 그는 명문대를 졸업하고 대기업에 입사했습니다. 주변에서 보기에 그는 성공한 삶을 살고 있었습니다. 하지만 그는 늘 불안했습니다. 승진에 대한 압박감, 경쟁에서 뒤처질지도 모른다는 두려움 그리고 자신의 진정한 열정이 무엇인지 모른다는 혼란이 그를 괴롭혔습니다. 겉으로는 성공한 듯 보이지만, 내면의 불편함과 불안감이 언제나 그를 따라다녔습니다.

우리가 진정한 행복을 느끼지 못하는 이유는 이렇듯 자신에 대한 깊은 이해 부족과 그로 인한 불안감 때문입니다. 우리는 너무 오랫동안 스펙과 사회적 인정을 행복의 기준으로 삼아왔습니다. 좋은 대학, 안정적인 직장, 높은 연봉 등이 행복의 척도라고 믿어왔습니다. 하지만 이것들은 단지 행복을 위한 수단일 뿐, 그 자체가 목적이 되는 순간 우리는 자기 소외를 경험합니다.

우리의 삶은 불안과 두려움의
중첩 상태

이제는 변화가 필요합니다. 진정한 행복을 위해 우리는 무엇을 해야 할까요? 먼저, 자기 이해가 필요합니다. 우리의 가치관, 열정, 강점, 약점을 정확히 파악해야 합니다. 이를 바탕으로 삶의 목적과 방향을 명확히 설정하면, 불안과 두려움 속에서도 앞으로 나아갈 힘을 얻을 수 있습니다.

불안과 두려움은 우리 삶의 일부입니다. 새로운 환경, 새로운 사람, 새로운 경험이 온다면 늘 동전의 양면처럼 거기에 존재합니다. 새 직장에 발을 들이거나, 새 인간관계를 시작하거나, 인생의 중대한 결정을 내릴 때마다 우리는 불가피하게 불안을 마주합니다. 이를 완전히 없앨 수는 없지만, 함께 살아가는 법을 배울 수는 있습니다.

전문가라고 해서 예외는 아닙니다. 심리, 상담, 교육을 전공한 전문가이지만 저 역시 때로는 극심한 불안과 우울을 경험합니다. 클라이언트를 상담하면서도 "내가 과연 이 사람을 제대로 도울 수 있을까?"라는 두려움이 들 때가 있습니다. 이는 인간이기에 겪는 자연스러운 과정입니다.

우리에게 필요한 것은 이 불안과 두려움의 의미를 이해하고, 이를 하나씩 극복해 나가는 것입니다. 삶은 불안과 두려움의 연속이지만, 우리는 한 걸음씩 나아가며 경험을 쌓고 성장할 수 있습니다. 예를 들어, 처음 발표를 할 때는 극도로 긴장되고 불안하지만, 여러 번의 경험을 통해 점점 자신감을 얻게 되는 것과 같습니다.

물론 이 과정은 결코 쉽지 않습니다. 때로는 외롭고 고통스러울 수 있습니다. 변화를 위해 노력하는 동안 주변의 이해를 받지 못할 수도 있고, 실패를 경험할 수도 있습니다. 하지만 이를 통해 우리는 깨닫습니다. 완벽할 수 없는 존재이기에, 현재를 있는 그대로 받아들이고 이해하는 것이 중요하다는 사실을 말입니다.

불안함 속에서
성장하기

얼마 전 저는 한 강연에서 청중 여러분께 이런 질문을 던졌어요. "지금 불안하신 분들, 손들어 보실래요?" 그랬더니 거의 모든 분이 손을 드시더군요. 다들 웃으면서 말씀하시길, 누구나 매일같이 불안하다고 하시는 거예요. 그러면서 한 분이 이런 얘기를 했습니다. "전에는 불안해도 그냥 눌러왔어요. 그런데 그럴수록 불안은 더 커지고, 오래 갔습니다. 그러다 문득 깨달았어요. 내 불안과 친해지자고. 불안을 친구처럼 대하고, 그것이 나에게 하고 싶은 말에 귀 기울여보자고요. 불안을 인정하고 품으니, 어느새 일상이 한결 가벼워지더라고요. 불안 자체가 없어지진 않았지만, 적어도 불안에 짓눌리진 않게 되었죠."

이런 경험과 깨달음이 이 책의 씨앗이 되었습니다. 머릿속으로는 누구나 불안을 이겨내는 묘책을 알고 있을지 모릅니다. 하지만 그것을 일상에 적용하고 체화하지 않는다면, 그저 허울 좋은 이론에 그치고 말 테니까요.

제 경험상 불안은 지워버릴 수 있는 대상이 아닙니다. 선택의 순간마다 따라붙는 불확실성, 내일에 대한 막연함, 삶의 공허함 같은 것들이니까요. 하지만 우리가 불안의 실체를 제대로 직면하고, 그것을 현명하게 다스리는 법을 안다면 상황이 달라질 수 있습니다. 그렇게 불안을 이해하고 껴안을 때, 비로소 불안은 두려움의 원천이 아닌 우리를 성장시키는 원동력이 되어줄 거예요.

이 책에서는 불안과 더불어 살아가기 위해 우리가 일상에서 할 수 있는 구체적인 실천 방법들을 모아봤습니다. 불안이 엄습할 때 어떻게 반응할지, 불안을 유발하는 상황을 어떻게 다룰지, 더 근본적으로는 내면의 불안을 어떻게 이해하고 껴안을지 생생한 사례와 함께 알려드리고 싶었거든요. 책을 덮을 때쯤이면, 여러분 모두가 불안을 밀어내야 할 적이 아닌 함께 살아갈 친구로 여기게 되실 거예요.

키르케고르의 말처럼, 불안은 우리 내면에 잠재된 무한한 가능성의 표현입니다. 불안이 깊어질수록 우리는 더 위대한 존재가 될 수 있습니다. 불안을 피하지 말고, 이를 통해 성장의 기회를 만들어갑시다. 우리의 불안은 곧 우리의 가능성입니다.

불안은 단순한 장애물이 아닌, 우리 삶의 중요한 전환점이 될 수 있습니다. 이를 통해 우리는 자신을 더 깊이 이해하고, 진정한 행복이 무엇인지 깨달을 수 있습니다. 불안을 피하지 말고 정면으로 마주하며, 이를 통해 더 나은 삶을 향해 나아가는 용기를 가집시다.

Part 4. 이해하면 내 편이 되는 불안

PART. 1

불안을 다스리는 첫걸음

깊어가는 어둠 속 미로에서, 당신은 홀로 길을 잃었습니다. 심장은 빠르게 뛰고, 숨은 거칠어집니다. 어디로 가야 할지, 어떻게 이곳을 빠져나갈 수 있을지 알 수 없습니다. 이것이 바로 공포영화의 한 장면처럼 보이지만, 사실 많은 이들이 만난 현실이기도 합니다.

우리의 삶은 때로 이 미로와 닮았습니다. 열심히 앞으로 나아가지만, 목적지가 어딘지, 지금 가는 길이 맞는지 확신할 수 없습니다. 특히 인생의 암흑기를 지나고 있다면, 이 불안감은 거대한 파도처럼 우리를 덮칩니다.

현대 사회는 우리에게 쉼 없는 속도와 효율을 강요합니다. 하지만 방향을 알지 못한 채 빠르게 달리는 것은 위험합니다. 이는 마치 짙은 안개 속 고속도로를 맹목적으로 질주하는 것과 다름없습니다. 목적지도, 그곳으로 가는 길도 모른 채 달리는 삶은 고통의 연속일 뿐입니다.

하지만 여기서 우리는 중요한 깨달음을 얻을 수 있습니다. 미로 같은 삶의 여정 자체가 우리에게 의미 있는 성장과 깨달음을 선사한다는 것입니다. 각각의 전환점과 막다른 길은 우리에게 새로운 통찰을 제공합니다. 이 과정에서 우리는 단순히 목적지를 찾는 것이 아니라, 우리 자신을 발견하고 만들어갑니다. 이러한 여정을 통해 우리의 내면에서 솟아나는 지혜와 힘은 어떤 외부의 지도보다 더 강력한 안내자가 될 것입니다.

자기 자신을 신뢰하고 내면의 목소리에 귀 기울이는 것, 이것이 바로 불안의 미로를 탈출하는 첫 번째 열쇠입니다. 당신 안의 힘을 발견하는 순간, 어떤 어둠 속에서도 길을 찾아갈 수 있을 것입니다. 이제, 당신의 여정이 시작됩니다.

1
불확실성 속에서 빛나는
인생 알고리즘 찾기

연초가 되면 많은 이들이 새해 결심을 합니다. 담배를 끊겠다, 다이어트에 성공하겠다, 좋은 사람을 만나겠다 등 저마다의 목표를 세웁니다. 하지만 안타깝게도 "왜 이런 선택을 하는가"에 대한 근본적인 질문 없이 목표를 세웁니다. 그러다 보니 답을 찾기도, 선택에 확신을 갖기도 어려워 불안감에 휩싸입니다.

가족을 이끌어가야 할 가장으로서 삶의 목적과 방향이 명확하지 않다면, 수많은 갈림길에서 어떤 선택을 해야 할지 기준이 없다면 얼마나 두렵고 불안할까요? 무언가를 선택해야 하는 순간이 온다면, 먼저 내가 살아온 삶과 앞으로 살아갈 삶의 가치관에 집중할 필요가 있습니다. 정답은 없습니다. 하지

만 나만의 가치와 기준을 존중한다면, 내가 선택한 답을 정답
으로 만들 수 있는 무한한 가능성이 열릴 것입니다.

"왜 이걸 선택하지?"
질문의 힘

우리는 인생에서 크고 작은 수많은 선택의 순간을 마주합니
다. 점심 메뉴나 옷차림처럼 사소한 것부터 전공, 배우자, 자녀
교육 방식 같이 인생의 방향을 좌우할 중대한 결정까지 말입니
다. 저녁 메뉴를 잘못 골랐다고 해서 인생이 크게 달라지진 않
지만, 이직이나 자녀의 진로를 결정하는 일은 가족의 미래를
좌우할 만큼 중요한 순간입니다.

이런 중요한 선택의 순간, 옳은 결정을 내리기 위해선 무엇
이 가장 필요할까요? 불확실한 미래 앞에서 내가 선택한 길에
확신을 가지려면 나만의 확고한 가치 기준이 있어야 합니다.
선택으로 인해 많은 것을 잃을 수 있음에도 내가 진정 원하는
것, 추구하는 가치가 무엇인지 명확히 알고 있어야 하지요. 이
런 기준이 있을 때 불확실성 속에서도 나만의 답을 찾아갈 수
있습니다.

인생의 갈림길에서 우리에게 필요한 것은 단순한 선택의 기

준이 아닌, 우리만의 고유한 '인생 알고리즘'입니다. 이는 우리의 가치관, 경험, 직관이 복잡하게 얽힌 의사결정 체계로, 단순한 나침반을 넘어 우리의 모든 선택을 지배하는 근본 원리입니다. 이 알고리즘이 명확할 때, 우리는 불확실성 속에서도 일관된 방향성을 유지하며, 각 선택이 우리의 전체 인생 그림에 어떻게 기여하는지 이해할 수 있습니다. 이것이 없다면, 우리의 결정은 단편적이고 모순될 수밖에 없습니다.

안타깝게도 어려서부터 삶의 가치관과 기준을 정립하는 일은 쉽지 않습니다. 성장기에 다양한 경험을 통해 기준을 세우고 검증해나가는 과정이 중요함에도, 많은 부모와 교육자들은 이를 간과한 채 좋은 대학 진학이라는 목표에만 매달려 왔기 때문입니다. 자신을 이해하고 표현할 수 있는 능력은 뒷전인 채, 어느새 나이만 먹어 중년이 된 것입니다.

우리 아버지 세대는 급격한 경제 성장의 소용돌이 속에서 자신만의 삶의 기준을 찾고 정립할 여유를 갖지 못했습니다. 우리 또한 경쟁 사회에서 살아남기 위해 필사적이었습니다. 진학만이 목표인 교육, 조직에의 충성, 주어진 삶이 곧 최선이라는 인식 속에서 자신에 대한 고민은 사치처럼 여겨졌습니다. 게다가 이런 고민을 함께 나눌 사람도 주변에 없었습니다. 교사도, 부모도 같은 불안 속에서 현실의 문제를 해결하기에 바빴으니까요.

불확실한 미래, 나만의 답 찾기

그래서 지금이 중요합니다. 이제라도 남은 인생을 위한 나만의 기준을 세워나가야 합니다. 모호함과 불확실성에서 비롯된 불안을 이제는 긍정적인 변화의 원동력으로 만들어야 합니다.

그 변화는 자기 자신을 이해하려 노력하는 것에서 시작됩니다. 내가 진정 소중히 여기는 것은 무엇인지, 어떤 것은 절대 포기할 수 없는지, 언제 행복을 느끼는지 등 삶의 가치와 기준을 분명히 정립하는 것입니다. 그리고 이를 바탕으로 구체적인 행동 계획을 세우고 실천해 나가야 합니다. 변화의 과정은 쉽지 않겠지만, 새로운 습관이 자리 잡으면 작은 노력으로도 큰 변화를 이끌어낼 수 있습니다.

우리는 그동안 자신을 돌아보기보다 앞만 보고 달려왔습니다. 하지만 이제는 내 안의 목소리에 귀 기울여야 합니다. 우리의 경험, 가치관, 꿈은 재료가 되고, 이를 어떻게 조합하고 요리하느냐에 따라 우리만의 독특한 '인생 요리'가 탄생합니다. 우리의 목표는 남들이 만든 유명 요리를 모방하는 것이 아닌, 우리만의 시그니처 요리를 탄생시키는 것입니다. 이렇게 만들어진 당신만의 조리법은 다른 어떤 것으로도 대체할 수 없는 고유한 맛과 가치를 지니게 됩니다.

인생 알고리즘을 찾아주는
3가지 질문

"살면서 이렇게 깊이 자신에 대해 생각해본 적이 없었습니다." 글로벌 기업의 고위 임원들을 코칭하면서 자주 듣는 말입니다. 우리 대부분이 그렇듯, 그들도 자신에게만 집중하는 시간을 거의 갖지 못했던 것입니다.

새로운 가치 기준과 평가 체계를 만들어가는 과정은 자기 이해에서 시작됩니다. 그래서 우리는 먼저 자신과 차분히 마주하는 시간과 공간을 확보해야 합니다. 이 시간 동안 다음과 같은 질문을 탐구해보면 좋겠습니다.

- 내가 가장 소중하게 여기는 것은 무엇인가?
- 절대 포기할 수 없는 삶의 가치는 무엇인가?
- 어떤 일에 시간을 쓸 때 가장 보람을 느끼는가?

이러한 질문들을 통해 삶의 중요한 가치와 기준을 탐색하고, 이해하며, 재정립할 수 있습니다. 이런 성찰의 과정이 어느 정도 진행되었다면, 다음 단계는 변화를 위한 구체적인 행동 계획을 세우고 실천하는 것입니다. 꾸준한 실천을 통해 새로운 습관이 형성되면 적은 노력으로도 큰 변화를 이끌어낼 수 있습니다.

자기 이해와 성장의 여정은 쉽지 않지만, 그 자체로 가치 있는 과정입니다. 이를 통해 우리는 불안을 극복하고 더 나은 삶을 위한 든든한 기반을 하나 얻게 됩니다.

2
결정의 순간,
흔들리지 않는 판단력의 비밀

빅터 프랭클은 절망적인 상황에서도 우리를 지
탱하는 힘은 삶의 목적을 발견하고 그에 끊임없이 의미를 부
여하는 데서 나온다고 강조했습니다. 비록 우리가 수용소에
갇힌 것은 아니지만, 그 통찰은 지금의 우리에게도 유효합니
다. 지치고 메마른 일상에서 우리를 지탱하는 것은 단순한 생
존 본능이 아닙니다. 그것은 우리 존재의 깊은 곳에서 울려 퍼
지는 삶의 목적을 발견하고, 그 소리에 귀 기울이며 매 순간
의미를 새기는 일입니다. 우리의 일상은 단순한 시간의 연속
이 아니라, 우리가 추구하는 가치와 꿈을 작은 의식들로 엮어
가는 의미 있는 여정입니다. 이 연결 고리를 인식할 때, 우리
는 가장 어두운 골짜기에서도 빛을 발견하고, 가장 고된 상황

에서도 희망을 품을 수 있습니다. 삶의 의미를 찾는 것은 단순한 생각의 과정이 아니라, "우리의 영혼을 깨우는 행위"입니다. 그리고 이 깨어있음이야말로 우리를 진정한 변화의 길로 인도하는 나침반이 됩니다.

흔들리지 않는
인생의 목적 정하기

신입사원 A, 경력직 B, 퇴직을 앞둔 C. 이들은 서로 다른 인생의 단계에 있지만, 한 가지 중요한 공통점을 공유합니다. 바로 '다음'이라는 삶의 기착지를 향해 매 순간 크고 작은 변화 요구를 만난다는 것이지요. 끊임없이 새로운 것에 도전해야 한다는 강박, 뒤처진다는 불안, 노화와 에너지 소진에 대한 걱정까지…. 복잡한 생각들 속에서 우리는 마치 다람쥐 쳇바퀴 돌 듯 제자리걸음을 반복하곤 합니다.

변화는 끊임없는 전투와도 같습니다. 한 번의 승리로 모든 것이 해결될 것이라 여겼지만, 삶은 우리에게 무수한 도전을 계속해서 던집니다. 이 전투에서 승리하기 위해 우리에게 필요한 것은 바로 '선택에 대한 명확한 판단 기준'입니다. 불확실한 미래 앞에서도 구체적이고 확고한 목표가 있다면, 우리만의 답을 찾아갈 수 있는 나침반이 되어줄 테니까요.

어린 시절, 우리는 나이가 들면 안정된 삶이 기다리고 있으리라 믿었습니다. 조금만 참고 버티면 원하는 것을 이룰 수 있을 거라는 말에 현재의 즐거움을 미뤄두기도 했죠. 하지만 시간이 지나도, 그토록 기다렸던 안정과 행복은 오지 않았습니다. 그 사이에 "정답 없는 삶의 여정을 걷는 법"을 조금씩이라도 배웠더라면 어땠을까요.

이러한 끝없는 변화의 물결 속에서 우리를 지탱해주는 것이 삶의 목적입니다. "무엇이 되고 싶었지", "무엇을 하고 싶었지" 같은 질문들 말이지요. 각자가 품은 이상과 꿈, 이것이 힘겨운 과정을 견디게 하는 원동력입니다. 설령 앞날이 막막할지라도, 우리를 일으켜 세우는 건 마음속 깊이 새긴 인생의 좌표입니다. 그 방향을 따라 우리는 매일 새로운 도전을 준비해 나갑니다.

변화는 끝없는 기다림과
버팀의 과정

변화는 실천으로 시작되지만, 그 과정은 기다림과 인내의 연속입니다. 그러나 우리는 종종 변화를 거쳐 완성될 아름다운 결과만 상상하느라 그 이면의 고통은 잊곤 합니다. 조금만 노력하면 쉽게 변할 수 있으리라는 환상에 빠지는 거죠. 하지만 막상 벽에 부딪히면 좌절하고 맙니다.

변화를 갈망하면서도 그 고통을 원치 않는 이들이 대부분입니다. 막연한 두려움에 선뜻 도전하지 못하고, 설령 용기를 내어 한걸음 내디뎠다 하더라도 끝없이 이어지는 고난에 지쳐 포기합니다. 하지만 승자들은 다릅니다. 그들은 변화의 고통을 끝까지 인내할 수 있는 정신력을 갖추고 있습니다. 그리고 그 힘의 원천은 바로 분명한 목표와 목적지입니다. 정확히 어디로 가고 싶은지, 무엇을 이루고자 하는지가 확고하기에 험난한 여정도 끝까지 견딜 수 있습니다.

불안과 두려움에 압도되어 변화를 망설이는 이 순간조차, 우리 내면에는 방향을 제시하는 강력한 나침반이 있습니다. 내가 정말 원하는 것이 무엇인지, 어떤 가치를 좇아 살아갈 것인지에 대한 근원적인 질문들 말이지요. 이 책을 읽으면서도 정답을 찾으려하기보다 그러한 자기만의 질문을 찾아보시기 바랍니다. 인생의 갈림길에서 우리가 선택할 수 있는 길은 많지만, 가장 중요한 건 내 마음이 가리키는 길을 발견하고 걷는 것입니다. 당신의 내면에 귀 기울이는 용기를 가져보세요. 그리하여 흔들림 없이 한걸음, 한걸음 내딛는 삶을 살아가시길.

불안은 우리가 성장하고 있다는 신호입니다

우리 삶은 끊임없는 변화의 연속입니다. 그 과정에서 불안과 두려움은 피할 수 없는 동반자입니다. 하지만 이 감정들은 우리를 마비시키는 것이 아니라, 오히려 성장의 신호일 수 있습니다. 변화의 승리자들은 이 불안을 어떻게 자신의 힘으로 전환할까요?

1. 목적과 방향성 정립하기: 당신의 '왜'(Why)를 찾으세요. 이 변화가 당신에게 어떤 의미인지, 어디로 가고 있는지 명확히 하세요. 목적이 분명할 때, 불안은 단순한 잡음으로 바뀝니다.

2. 가치 기반 의사결정하기: 당신의 핵심 가치를 명확히 정의하고 그에 기반한 결정을 내리세요. 이는 폭풍 속에서도 당신을 지탱해줄 닻입니다. 결정의 순간마다 "이것이 내 가치관과 일치하는가?"를 물으세요. 가치에 기반한 선택에는 후회가 없습니다.

3. 유연한 회복력 기르기: 계획은 종종 예상대로 되지 않습니다. 유연성을 키우세요. 실패를 배움의 기회로 여기고, 작은 진전에도 감사하세요.

불안은 우리가 안전지대(comfort zone)를 벗어나고 있다는 신호입니다. 그것은 성장의 전조입니다. 당신 내면의 나침반을 믿으세요. 그것은 불확실성의 안개 속에서도 당신을 올바른 방향으로 이끌 것입니다.

3
나로부터 시작되는
변화의 심리학

      부부나 가족 관계에서 상담을 진행하다 보면, 서로의 인식 차이로 인해 안타까운 결과를 만나기도 합니다. 같은 목표를 향해 나아가지만, 관점과 방법의 차이로 가장 가까운 사람이 서로의 적이 되는 경우가 흔합니다.

    남편 A는 따뜻한 아침 식사에서 사랑과 행복을 느끼는 반면, 부인 B는 깔끔하게 다려진 와이셔츠로 사랑을 표현하고자 했습니다. 하지만 A에게는 식탁의 정성 어린 음식이 사랑의 기준이었고, B는 옷을 다리며 보낸 정성에 비해 원하는 수준의 반응을 받지 못해 속상했습니다. 이런 작은 골들이 반복되면 서로가 애썼음에도 사랑은 멀어지고, 어느 순간 지쳐갑니다.

자기효능감 향상을 통한
변화 동기 부여

우리는 각자의 성격, 환경, 양육 방식 등에 따라 하나의 현상을 다양하게 해석하고, 자신만의 방식으로 문제를 해결하려 합니다. 그러나 이런 다양한 해결책이 모두에게 적용되기는 어렵습니다. 대부분 자신의 관점에서 상대방의 방식을 문제 삼으며 그들을 변화시키려 하지만, 오히려 관계를 더 어렵게 만들 뿐입니다.

아무리 노력해도 변화시키기 어려운 상황이라면, 때로는 과감히 포기하는 것도 필요합니다. 특히 다른 사람을 변화시키려는 목표는 많은 에너지를 투자해도 결과는 미미하고 상처만 남길 가능성이 높습니다. 변화가 불가능한 목표에 매달리다 보면 자괴감에 사로잡혀 불안해질 수밖에 없습니다. 가능한 것과 그렇지 않은 것을 구분할 줄 알아야 합니다.

인생에서 고민과 갈등은 누구에게나 있습니다. 저 역시 예외가 아니었습니다. 성인이 되면 오랜 시간 함께 자란 형제자매 사이에서도 이해하기 어려운 가치관과 행동의 차이가 나타납니다. 각자의 가정을 이루고 다른 환경에서 살아가다 보면 그럴 수밖에 없겠죠. 하지만 갈등이 시작되면 우리는 자신의 가치관과 기준으로 상대방을 판단하고, 그들의 '잘못된' 생각과 행동을 고치려고 애쓰게 됩니다.

저 역시 이런 경험을 했고, 결국 많은 노력과 감정 소모에도 불구하고 갈등만 더 깊어졌습니다. 그래서 선택한 것이 더 이상의 감정 소모와 갈등이 아닌, 있는 그대로의 상대방을 받아들이는 자세였습니다. 물론 관계가 극적으로 개선된 것은 아닙니다. 그러나 바꿀 수 없는 것을 포기함으로써, 갈등으로 인한 소진을 막고 제 감정을 지킬 수 있었습니다.

우리는 변화와 성장을 갈망하지만, 그 출발점이 나 자신임을 잊곤 합니다. 내면의 목소리에 귀 기울이고, 내가 먼저 변화의 주체가 될 때 비로소 주변을 바라보는 관점도 달라질 수 있습니다. 자신에게서 시작된 작은 변화가 파문처럼 퍼져 삶 전체에 긍정적인 영향을 줄 것입니다.

남 탓하지 않기:
자기 중심이 견고한 사고의 힘

나와 다른 타인을 변화시키려 할 때, 우리는 진퇴양난의 어려움에 빠지게 됩니다. 삶의 불안과 두려움은 커지고, 억울함과 원망의 감정에 사로잡혀 불행해집니다. 문제의 원인이 자신에게 있을 수 있다는 생각은 하지 않고, 타인의 잘못으로 인해 고통받는다며 자기 방어에 집중합니다.

하지만 설령 타인이 내 뜻대로 변한다 해도, 내면의 상처와 문제의식을 직시하지 않는다면 또다시 누군가를 탓하는 악순환에 빠지고 말 것입니다. 불안과 두려움의 늪에서 벗어나지 못한 채, 자신을 가두는 감옥에 스스로 갇히고 마는 것입니다.

사실 내 주변에서 일어나는 많은 일들은 선악의 기준으로 판단하기 어려운, 중립적인 사건일 가능성이 높습니다. 그것을 문제로 규정하는 것은 바로 내 마음속 좁은 가치관과 편향된 기준 때문일지도 모릅니다.

변화 주체가 바로 나 자신이 되지 않는다면, 타인의 일시적 변화에 만족할 수 없고, 끊임없이 에너지만 소진하다 지쳐갈 뿐입니다. 물론 주변 사람과 환경이 문제의 원인이 되는 경우도 있습니다. 그러나 그것을 통제하려 들기보다, 내가 먼저 변화의 중심에 서는 것이 궁극적 해결책이 됩니다.

아버지가 세상을 떠나신 지도 벌써 2년이 흘렀습니다. 저는 아버지의 부재 이후 다양한 심리적 고민과 갈등을 겪었습니다. 가족사라 자세히 말하기는 어렵지만, 아버지에 대한 원망, 그런 선택을 하신 이유에 대한 의문 그리고 서운함 속에서 꽤 오랜 시간을 보냈습니다. 그 기간은 저에게 끊임없는 감정적 소진의 연속이었습니다.

그러다 문득 깨달았습니다. 아버지도 한 인간으로서 불안과 두려움 앞에 자신을 보호하기 위한 선택을 하셨다는 것을 요. 그 선택이 옳았다고 생각하진 않지만, 아버지를 탓하거나 섭섭해하기보다는 이해하고 받아들이려 노력하고 있습니다.

이 과정에서 아버지의 불안과 두려움에 더 가까이 다가가지 못하고, 충분히 아끼지 못한 것에 대해 안타까움과 죄송함을 느꼈습니다. 그러면서 현재 상황과 아버지를 대하는 제 자세가 조금씩 변화하기 시작했습니다. 분노, 억울함, 서운함보다는 미안함, 그리움, 연민이 마음속에 더 큰 자리를 차지하게 되었습니다.

불안과 두려움에서 벗어나 행복한 삶을 살아가기 위한 열쇠는 바로 우리 안에 있습니다. 나를 변화의 주인공으로 세우고, 내면을 성찰하는 시간을 갖는 것. 내 안의 편견과 아집을 내려놓고 새로운 시선으로 세상을 바라보는 것. 그 출발점에 선 순간, 우리는 비로소 진정한 변화와 성장의 길로 나아갈 수 있을 것입니다.

불안과 하이파이브!

자기 성찰 일기

변화를 원한다면, 가장 중요한 한 가지 조언은 바로 '자기 성찰'입니다. 우리는 흔히 문제의 원인을 외부에서 찾지만, 진정한 변화는 내면에서 시작됩니다.

매일 5분 정도 '자기 성찰 일기'를 써보세요. 다음 질문들에 대해 솔직하게 답해보세요.

1. 오늘 나의 행동이나 반응 중 가장 불편했던 것은 무엇인가?
2. 그 행동의 근본 원인은 무엇일까?
3. 내일은 어떻게 다르게 행동할 수 있을까?

이 과정을 통해 자신의 패턴을 인식하고, 점진적으로 변화를 만들어갈 수 있습니다. 당신이 통제할 수 있는 유일한 것은 바로 당신 자신입니다. 자기 성찰은 불안을 줄이고, 자기 효능감을 높이는 강력한 도구입니다. 이러한 성찰을 통해, 점차 자신과 주변 세계를 더 잘 이해하게 될 것입니다.

4
실패를 성공의 디딤돌로
만드는 법

겉보기에는 성공적인 삶을 살아가는 듯한 많은 이들이 막연한 실패감과 상실감, 외로움으로 힘들어하는 모습을 자주 마주하곤 합니다. 안정된 직장에서 인정받는 A 씨, 사업가로 성공한 B 씨, 두 딸의 엄마인 C 씨 모두 이유를 알 수 없는 좌절감에 시달려 상담실을 찾았습니다.

물론 성장기 부모의 양육 방식, 주변 환경, 반복된 실패 경험, 끊임없는 평가 등 다양한 요인이 작용했겠지만, 궁극적으로는 삶의 기준, 즉 무엇이 성공이고 실패인지에 대한 명확한 잣대를 세우지 못한 것이 이들의 심리적 에너지를 소진시켰습니다. 확고한 기준도, 이유도 없이 이들은 오랜 시간 불안의 늪에 빠져 있었던 것입니다.

성공했다고?
그런데 왜 이렇게 허전할까?

하지만 모든 사람이 실패를 발판 삼아 성장할 수 있는 것은 아닙니다. '실패는 성공의 어머니'라는 말이 현실이 되려면, 실패의 의미를 파악할 수 있는 내적 기준과 뚜렷한 목표의식이 필요합니다. 이러한 나침반을 가진 이들은 비로소 실패를 교훈 삼아 성공으로 나아갈 수 있는 토대를 마련할 수 있습니다.

만약 당신이 실패에서 교훈을 얻었다면, 그것은 당신에게 삶의 방향과 목적이 있었기 때문입니다. 그렇기에 지금의 고통은 성공을 향한 과정일 뿐, 결코 헛된 좌절이 아님을 믿으셔야 합니다. 반면 실패 앞에서 막연히 불안해하고 무기력해진다면, 이제는 나만의 합리적 평가 기준을 세우는 것이 필요해 보입니다.

제 경우, 35세 무렵 심리학과 상담학을 기반으로 '직장인의 마음을 다루는 전문가'가 되겠다는 목적과 방향을 정했습니다. 물론 목표가 뚜렷하다고 해서 항상 순탄했던 것은 아닙니다. 그럼에도 선택의 기로에서 확실한 기준이 있었기에 불안과 두려움보다는 도전과 설렘이 앞설 수 있었습니다.

성장 과정에서 때로는 쓸쓸한 아픔과 갈등도 겪었습니다.

하지만 그 하나하나의 경험이 제게는 사고의 지평을 넓히고 삶의 영역을 확장하는 소중한 시간이 되었습니다. 돌이켜 보면, 제가 어디로 가야 하고 무엇을 해야 하는지에 대한 기준이 확고했기에 가능한 일이었습니다.

같은 실패를 겪더라도 원인을 찾아 재도전하는 이가 있는 반면, 쉽게 포기하고 자신을 실패자로 낙인찍는 이가 있습니다. 실패를 성공의 자양분으로 승화시키기 위해서는 단편적 사건에 연연하기보다 큰 그림을 보며 배움의 기회로 삼는 자세가 필요합니다. 중요한 건 자신만의 길을 믿고 끝까지 걸어가는 끈기와 용기입니다. 때로는 실수를 겪으며 방향을 수정해야 할 수도 있습니다. 스스로 온전히 신뢰하며, 긴 여정을 인내할 수 있는 믿음을 가지세요. 그 믿음이 불안과 의심을 이겨내는 강력한 힘이 되어줍니다.

성공보다 실패가
오히려 더 자연스럽다

성공보다 오히려 실패가 더 자연스러운 법입니다. 새로운 변화를 시도할 때는 언제나 실패의 가능성을 염두에 두는 것이 좋습니다. 그러나 우리는 대개 한 번에 성공해야만 한다는 강박에 사로잡혀 있습니다. 다양한 실패를 경험하는 과정에서 두려움과 불안을 느끼는 것은 당연합니다. 이러한 단계를 거치지 않고서는 어려움에 맞서 해법을 찾아가는 능력을 기를 수 없습니다. 그렇기에 두려움에 휩싸여 선택을 미루기보다, 실패를 겸허히 받아들일 줄 아는 용기가 필요합니다.

사실 실패보다 더 무서운 것은 방향성을 잃고 표류하는 것입니다. 명확한 기준 없이 성공과 실패를 착각하는 일 말이죠. 이는 삶의 부조화를 초래하고, 자기기만과 갈등을 일으킵니다. 여기에 빠지지 않으려면 지금 당장 실패에 맞설 각오를 다져야 합니다. 변화된 상황에 맞게 목표를 재설정하고, 전력을 다해 노력했다면 설령 결과가 만족스럽지 않더라도 그 자체로 의미 있는 과정이었음을 기억하세요. 우리는 이미 성공을 향한 여정 어딘가에 서 있는 것입니다.

자녀를 키우다 보면 실패와 좌절을 경험하는 아이에게 어떻게 대응해야 할지 고민하게 됩니다. 중학생인 제 딸 역시 성장 과정에서 여러 좌절과 실패를 겪고 있습니다. 그런데 흥미로운 점은, 딸아이가 하고 싶은 일이 분명할 때 그런 좌절과 실패에서도 자신만의 의미를 찾아내고, 더 나은 성공을 위해 열정을 쏟는다는 것입니다. 이를 통해 실패가 단순한 결과가 아닌 성공으로 가는 과정이며, 이 과정을 통해 자기 신뢰와 효능감을 키워나가고 있음을 깨닫게 됩니다.

실패로 인한 끝없는 불안의 늪에서 헤어나오려면, 무엇보다 악순환의 고리를 끊어내는 것이 중요합니다. 부정적인 마음에 계속 에너지를 쏟다 보면 점점 더 깊은 수렁으로 빠져들 뿐입니다. 비관의 늪에서 탈출하는 열쇠는 바로 우리 안에 있습니다.

실패를 성찰의 기회로 삼고, 앞으로 나아갈 용기를 잃지 않는다면 우리는 불안으로부터 자유로워질 수 있습니다. 작은 성취의 기쁨을 누리며, 자신만의 속도로 나아가다 보면 어느새 성장의 길에 들어서 있는 자신을 발견하게 됩니다.

불안은 평안으로 바꿀 수 있습니다. 실패는 발전을 위한 과정일 뿐, 결과가 아닙니다. 낙담 대신 도전하는 당신에게, 언제나 무한한 가능성이 열려 있습니다. 실패의 순간에도 당당히 맞설 수 있는 강인한 마음, 그것이야말로 진정한 성장과 행복으로 향하는 길입니다.

'실패'가 아니라, '시행착오'라고 부르세요

실패를 경험할 때, 우리는 그것을 부인하거나 회피하려는 경향이 있습니다.
실패를 성장의 발판으로 삼기 위해서는 어떻게 해야 할까요?

1. 실패를 객관적으로 바라보기: 실패를 겪었을 때, 그 자체에 압도되어
   감정에 휩싸이기 쉽습니다. 하지만 한 발짝 물러서서 "이번 일로 내가
   배운 점은 무엇일까?"라고 자문해보세요. 실패를 있는 그대로 인정하
   고 바라보는 것은 교훈을 얻고 앞으로 나아가는 첫걸음입니다.
2. 실패의 원인 분석하기: 단순히 결과에 연연하기보다, 실패의 원인이
   무엇이었는지 깊이 있게 분석해보세요. "어떤 선택과 행동이 이런 결
   과를 낳았을까?"라고 질문을 던져보세요.
3. 작은 성공 경험 쌓기: 실패 후에는 자신감이 땅에 떨어지기 마련입
   니다. 이때 너무 큰 목표를 세우기보다, 작지만 달성 가능한 과제들
   을 수행해보세요. "이번 주에는 관련 책 1권을 읽어보자", "하루에 30
   분씩 새로운 기술 연습하기" 등 현실적인 계획을 세워 실천에 옮기세
   요. 작은 성취감이 모여 자신감을 회복하는 데 도움이 됩니다.

이 실패를 성공으로 가는 데 꼭 필요한 과정이었다고 생각하세요. 그리고
'실패'라고 하지 말고, '시행착오'라고 부르세요. 실패를 두려워하기보다 배움
의 기회로 여기고, 성장을 위해 성공을 위한 한 가지 방법을 더 알았다고 받아
들이는 것입니다.

5
욕망과 불안의 상관관계
이해하기

인생에서 한 고비를 넘기면 어김없이 다음 도전이 우리를 기다립니다. 땀 흘려 정상에 올라섰다고 안도할 틈도 없이 저 멀리 펼쳐진 새로운 벽을 마주하게 됩니다. 끊임없는 채움의 굴레에 묶여 언제나 빈 공간과 공허에 시달려야 하는 현실이 두렵기만 합니다.

"삶이 원래 그런 거지" 체념하며 없는 열정마저 쥐어짜 에너지를 쏟아붓지만, 결국 마주하게 되는 것은 더욱 커져버린 빈 공간뿐입니다. 그 공간은 어쩌면 그간의 경험으로 넓어진 시야와 깊어진 지혜의 상징일지 모릅니다. 새로운 도전의 원동력이 되어주는 원천이기도 하고요.

만족보다 욕망이
더 빨리 늘어나는 우리

삶의 만족을 위해 열심히 노력했건만, 마음 한구석에는 언제나 부족함과 허전함이 자리 잡고 있습니다. 연월 계획뿐만 아니라 5년 단위까지 거시적인 계획을 빽빽하게 세우고 철저히 실행하기도 하지만 순간순간 밀려드는 허전함은 삶의 방향과 성취에 대한 끝없는 회의로 이어집니다.

우리는 이미 나아갈 방향과 해야 할 일을 알고 있습니다. 그 목표를 좇아 최선을 다해 살아왔고, 지금도 그렇게 살아가고 있지요. 직장인으로서, 가장으로서 해내야 할 일들, 자기계발과 진로에 대한 고민, 건강과 관계에 대한 투자까지.

하지만 '무언가 더 해야 하는 건 아닐까'라는 강박적 사고는 우리를 더 지치고 힘들게 만듭니다. 목표를 달성해도 성취감은 순식간에 공허함으로 대체되고 맙니다. 그 빈 공간을 메우려 분투하지만, 정작 우리가 도달하는 성취보다 그 공간이 확장되는 속도가 빠릅니다.

우리는 속도에 떠밀려 채워야 할 곳에 에너지를 쏟지 못하고, 빈 공간만 집요하게 메우려 합니다. 직장, 가정, 자기계발, 관계의 부족함을 채우려는 노력은 또 다른 책임감만 낳습니다. 그렇게 우리는 끝없는 공허와 불안의 덫에 빠집니다.

빈 공간을 받아들이는
용기

시간과 에너지가 무한정 주어지는 삶이라면 모를까. 유한한 존재인 우리가 모든 빈틈을 완벽히 메우긴 불가능에 가까운 일 아니겠어요? "또 뭘 해야 하지?" "지금 뭐가 제일 부족한 걸까?" 스스로 다그치며 자신을 옭아매는 불안에서 벗어나려면 어떻게 해야 할까요?

한 아버지는 이런 사연을 들려주더군요. 갓 초등학교에 들어간 여덟 살배기 아들이 잠시의 빈틈도 견디지 못하고 불안해한다고 합니다. 항상 무언가를 해야 직성이 풀리고, 바로 결과가 나오지 않으면 화를 내곤 한다네요. "저를 그대로 닮은 모습이에요. 빈틈에 대한 공포를 아이에게 그대로 물려준 건 아닌지 가슴이 아파요."

또 다른 분은 이렇게 고백하셨죠. "지금까지는 그럭저럭 잘 왔다고 여기지만, 미래는 항상 불안합니다. 목표에 가까워질수록 왜 더 멀어지는 것 같을까요? 그래서 더욱 두렵고 공허해집니다."

그래서일까요? 풍성해진 것 같은 삶 속에서도 불안감은 좀처럼 가시지 않는다는 말씀. 어쩌면 우리가 잃어버린 답이 바로 이 지점에 있는 게 아닐까요? 빈 공간을 채우려 할수록,

오히려 쌓여가는 건 불안뿐이라는 깨달음 말이에요. 진정 우리가 채워야 할 곳은 빈틈 그 자체가 아니라, 사랑하는 이들과의 행복, 관계 속에서의 충만감, 나누는 삶의 의미였던 게 아닐까요?

족하다고 여기는 선을 한 번 넘어서면 우리는 불안과 짜증, 격한 감정에 휘말리기 십상입니다. 그런 부정적인 에너지는 소중한 사람들에게로 향하고, 빈 공간은 점점 블랙홀처럼 깊어만 가죠.

하지만 공허함과 불안을 붙잡고 있는 것은 결국 스스로의 욕심이 아니었을까요? 인간의 한계를 인정하고, 때론 채움의 유혹을 거절하는 일. 불안하고 허전해도 그 공간을 그냥 바라볼 줄 아는 용기가 필요한 이유입니다.

빈 공간은 그 자체로 완전합니다. 우리 마음의 진정한 평화 역시 자신의 부족함을 인정하고 수용할 때 비로소 찾아올 수 있습니다. 불안에 기대어 쉼 없이 채우려 하기보다는, 비워둘 수 있는 여유를 가져보는 건 어떨까요? 그곳에서 비로소 우리는 진정한 삶의 의미와 마주할 수 있을 테니까요.

부족한 10%를 가능성의 공간으로 인식하기

완벽한 채움을 추구하기보다는, 불완전함 속에서도 행복을 찾는 법을 배워가는 것이 진정한 삶의 지혜입니다. 이렇게 해보세요.

1. 빈 공간의 의미 재해석하기: 빈 공간을 부족함의 상징이 아닌, 새로운 가능성의 터전으로 바라보세요. 이는 우리의 성장과 지혜가 깃든 공간일 수 있습니다. 완벽히 채워진 삶보다는 여유 있는 삶이 더 풍요로울 수 있습니다.

2. 'enough'의 기준 정하기: 무한한 욕망을 쫓기보다, 자신만의 '충분함'의 기준을 세워보세요. "나에게 진정으로 중요한 것은 무엇인가?"라는 질문을 통해 핵심 가치를 정립하고, 그에 집중하세요. 모든 것을 다 이루려는 욕심을 내려놓을 때, 오히려 더 큰 만족감을 얻을 수 있습니다.

3. 채워지지 않는 자리를 가능성의 공간으로 받아들이기: 채워지지 않는 10%(혹은 20이든 30%이든)를 오히려 가능성이 탄생하는 공간으로 받아들여보세요. 그 공간은 우리를 더 나은 사람으로 만들어주는 원동력이 될 수 있습니다.

기억하세요. 당신은 이미 충분히 훌륭합니다. 빈 공간을 받아들이는 용기, 그것이 바로 진정한 평안으로 가는 길입니다.

6
선택과 판단의 주체로
살아가기

40대 중반의 한 여성이 상담 중 이런 고민을 털어놓았습니다. "결혼 후 시댁 어른들에게 좋은 며느리로 인정받고 싶어 온 힘을 다했어요. 남편이 바라는 아내상에 맞추려고, 아이들 학업과 진로에 매달려 내 삶은 포기했죠. 그런데 정작 지금 저는 어디에도 속하지 못한 채 허우적거리고 있어요. 결국 저는 자신의 의견을 제대로 표현하지 못하는 답답한 사람, 무능한 사람이 되어버렸어요. 게다가 때때로 이유 모를 분노를 표출하는 괴팍한 사람으로 인식되고 있죠. 제가 언제쯤 제 삶의 주인공이 될 수 있을까요?"

이 여성처럼 우리는 인생의 수많은 갈림길에서 주인공이 아닌 단역배우나 들러리로 살아온 건 아닐까요?

당당한 삶의 주인공
되는 법

친정 일이라면 몸 바쳐 뛰어드는 A 씨, 사랑하는 막내아들을 위해서라면 무엇이든 희생하는 B 씨, 회사 일이라면 살림도 제쳐두는 C 씨. 이들은 모두 타인의 기준에 자신을 맞추기 위해 분투하지만, 정작 마음 한편에는 늘 불안과 공허함이 자리 잡고 있습니다. 타인의 평가에 인생을 맡기고 그로 인한 불안에 에너지를 소모하다 보면, 결국 삶의 무게를 감당하기 힘들어집니다.

아무리 애써도 그들의 기대에 부응할 수 없다는 막막함, 정작 자신에겐 충분한 사랑을 주지 못한다는 자책감이 생깁니다. 결국 우리는 인생의 어느 곳에서도 온전한 나로 존재하지 못한 채, 실체 없는 불안에 붙잡혀 표류하고 맙니다.

우리의 가치관과 삶의 목적은 대부분 성장 과정에서 부모, 교육, 사회로부터 형성된 것들입니다. 하지만 그 기준에 따른 선택의 주체는 어디까지나 나 자신이어야 합니다. 나 자신의 가치에 충실하면 됩니다. 남의 평가로 내 가치를 재단하지 마세요. 내면의 소리에 귀 기울이고, 자신의 잠재력을 믿으며, 스스로 정한 삶의 기준을 따를 때 우리는 비로소 삶의 진정한 주인공이 될 수 있습니다.

나를 배려하는
선택의 중요성

우리는 종종 '배려', '희생'이라는 미명 아래 나보다 타인을 앞세우곤 합니다. 내 욕구를 억누르고 남을 챙기는 것이 마치 미덕인 양 여겨왔습니다. 더 나은 딸, 아들, 부모, 직장인이 되고 싶은 마음에 자신을 뒷전으로 미루며 살아가는 이들이 너무나 많습니다.

하지만 어느 순간 감당할 수 없을 만큼 짐이 무거워졌을 때, 우리는 깊은 수렁에 빠져들고 맙니다. 책임져야 할 역할은 점점 더 늘어만 가는데, 정작 그에 따른 에너지와 열정은 바닥을 드러내기 시작합니다. 모든 걸 완벽히 해내고 싶지만 현실은 녹록지 않습니다. 조금씩 기대에 미치지 못하는 자신을 발견하고, 그럴수록 자책감에 시달립니다. 그렇게 갈등하는 사이 나도 모르게 원망과 회피로 눈을 돌리게 되지요.

주위 사람들 역시 내가 보여준 완벽한 모습이 조금씩 무너지자 섭섭함을 드러내기 시작합니다. "그동안 널 위해 얼마나 노력했는데" 하는 원망 섞인 눈빛을 마주할 때마다 가슴이 미어집니다.

한때는 최선의 선택이라 여겼던 것도, 시간이 흐르고 상황이 달라지면 이제는 옳지 않을 수 있습니다. 그럼에도 우리는 익숙한 방식을 고수하느라 내면의 목소리를 애써 외면하곤 합니다. "난 이런 사람이 돼야만 해"하는 강박에 사로잡혀, 변화를 두려워하는 것일지도 모릅니다.

하지만 이제 깨달아야 합니다. 우리는 누군가의 인정을 받기 위해, 혹은 완벽한 사람이 되고 싶은 나 자신의 욕심 때문에 그런 선택을 반복해왔습니다. 이제부터 내 삶의 주인공은 나 자신이 되어야 합니다.

물론 내 욕구를 먼저 내세우는 일이 쉽지만은 않습니다. 하지만 자신을 사랑하고 아끼는 일 없이는 진정으로 타인을 위할 수 없다는 걸 잊지 마세요. 내가 행복해야 비로소 그 행복을 나눌 수 있으니까요.

건강한 삶을 위해 가끔은 '나를 배려하는 선택'이 필요합니다. 사회적 규범을 벗어나지 않는 선에서, 내 행복을 우선하는 작은 실천들을 해보는 것입니다. 내가 좋아하는 일에 시간을 투자하고, 쉼과 재충전의 시간을 보내며, 나를 믿고 응원하는 목소리에 귀 기울이는 일까지.

회사 내 상담실을 구축하고 운영하면서 제가 가장 애정을 쏟았던 프로그램은 '워킹맘'을 대상으로 한 것이었습니다. 직장인이자 양육자로서의 책임감에 자신을 뒤로 미뤄두었던 이들, 마음속에 죄책감, 자괴감, 미안함을 안고 사는 그들이었기에 더욱 그랬습니다. 이 프로그램과 상담을 통해 전했던 가장 중요한 메시지는 두 가지였습니다. "가정과 직장 모두에서 완벽한 인정을 받으려 하지 말자"와 "회사와 집 사이에 나만의 시간과 공간을 확보하자"입니다. 이 메시지의 핵심은 자신을 이해하고, 아끼고, 돌볼 수 있는 독립과 자율의 시간과 에너지를 확보하는 데 있습니다. 자신이 심리적으로 안정되고 건강해야 책임과 의무도 다할 수 있기 때문입니다.

때로는 불편할 수 있겠지만, 그럼에도 내 인생의 중심에는 언제나 '나'를 놓읍시다. 나를 가장 사랑하고 존중하는 마음으로 살아갈 때, 비로소 진정한 자유와 행복이 찾아옵니다. 길지 않은 삶, 그 주인공은 바로 우리 자신임을 잊지 말아야 합니다.

불안과 하이파이브!

주인공 일기 쓰기

인생은 오직 한 번뿐입니다. 타인의 기대에 맞추느라 자신을 잃어버리지 마세요. 불안과 두려움이 찾아올 때마다, 당신을 진정한 자아로 이끄는 신호일 수 있다고 생각해보세요.

이것을 연습할 수 있는 한 가지 방법을 소개합니다.

매일 저녁, 10~15분 동안 "주인공 일기"를 작성해보세요. 다음 내용을 포함합니다.

- 오늘 가장 기억에 남는 한 가지 에피소드(사건)에 담긴 나의 진정한 욕구와 감정 적어보기
- 그것을 어떻게 표현했는지, 혹은 왜 표현하지 못했는지 성찰하기
- 오늘 내린 중요한 결정들과 그 이유를 적어보기

이 과정을 통해 자기 인식을 높이고, 책임감 있는 선택을 연습할 수 있습니다. 시간이 지나면서 당신은 점점 더 자기 삶에 대한 주도권을 갖고, 타인의 기대에 얽매이지 않고 진정한 자아를 표현할 수 있게 됩니다.

7
나답지 않다고 느껴진다면
변화가 필요한 때

밑바닥에서 화려하게 성공을 일궜다는 진수는 주변의 기대에 부응하기 위해 마음에도 없는 선택을 반복하느라 늘 불편함을 느낍니다. 소박한 시장 음식 대신 맛도 모를 고급 요리를, 친구들과의 술자리에선 늘 결제를 도맡아 하는 처지가 되어버렸죠.

한편 평생을 모범생으로 살아온 지영은 병든 어머니를 돌보느라 꿈꿔온 유학을 포기해야만 했습니다. 15년째 직장에 매달려 살지만 뭔가 공허하기만 합니다. 같은 길을 걸었어야 할 동생은 유학길에 올라 교수가 되었고, 지영이 그토록 갈망하던 분야에서 두각을 나타내고 있거든요. 동생의 소식이 반가우면서도 씁쓸하고, 친정 어머니의 연락에 마음이 무거워집니다. "도대체 내 삶의 주인공은 누구지?" 하는 생각에 지쳐갑니다.

나답다고 생각되는 것에
집중하기

"나는 과연 누구일까?" 청소년기를 지나며 한 번쯤 던져봤을 질문입니다. 하지만 우리 대부분은 그 해답을 찾지 못한 채 불안 속에서 살아갑니다. 물론 이 질문에 정답이 있을 순 없습니다. 그저 '나답지 않음'에서 오는 괴리감과 혼란스러움이 문제입니다.

우리 모두는 자신이 선택한 삶의 주인공이 되어야 합니다. 하지만 정작 내 삶을 이끄는 건 타인의 기대와 욕심인 경우가 많아요. 무언가 하고는 있지만 내내 불편하고 에너지가 낭비되는 기분이 든다면, 나다움에서 멀어졌다는 신호일 겁니다.

때로는 내가 아닌 다른 모습으로 살아야 할 때가 있죠. 어쩔 수 없이 불편한 옷을 입어야 할 자리가 있듯이 말이에요. 상황에 따라 잠시 감내할 순 있습니다. 하지만 그 무게를 너무 오랫동안 짊어지다 보면 지쳐버리고 맙니다.

한 연구원은 상담 중에 이렇게 심정을 털어놓았습니다.

"누가 저를 어떤 사람이라 단정 짓는 게 너무 싫어요. 마치 그렇게 살아야만 할 것 같은 강박에 사로잡혀 숨이 막혀요." 눈물을 흘리며 그녀는 말을 이었죠. "저에겐 너무나 많은 가면이 있었어요. 그 무게에 짓눌려 고통받고 있었다는 걸 이제야 깨달았네요."

우리는 때론 부모와 가족, 사회가 원하는 모습을 받아들이며 살아갑니다. 진정한 자신을 드러내기엔 세상이 너무나 각박하니까요. 문제는 내면의 욕구와 외부에서 요구되는 역할 사이에 간극이 생기면서 혼란과 분노를 느낀다는 거예요.

끊임없이 타인의 기준에 자신을 맞추려 노력하다 보면, 결국 어느 순간 한계에 도달하게 됩니다. 정신적 불균형이 시작되는 거죠. 건강할 때는 잘 모르겠지만, 삶에 지쳐갈수록 그 무게를 감당하기 어려워집니다. 그렇기에 가끔은 나다운 모습 그대로를 받아들일 수 있는 마음의 근력이 필요합니다.

가면 벗기:
융의 페르소나 이론 실생활에 적용하기

나에게 맞지 않는 삶의 무게에 짓눌린 채 살아갈 순 없습니다. 굳이 유행을 쫓아 값비싼 물건을 사들일 필요도, 내 취향과 맞지 않는 음식을 억지로 먹어야 할 이유도 없어요. 비록 화려하진 않을지언정 나답게 살아가는 것만으로도 삶은 충분히 멋지게 달라집니다.

칼 융은 페르소나persona 개념을 통해 우리에게 중요한 통찰을 전합니다. 가면 뒤에 진짜 자아가 있음을 잊지 말라고요. 인생의 무게를 감당하기 버거울 때, 우리는 하나둘 가면을 벗어던질 수 있어야 합니다. 모두가 원하는 완벽한 모습보다는 있는 그대로의 내 모습을 직시할 용기가 필요한 순간이에요.

주변 사람들의 기대, 사회적 관념에서 벗어나려면 많은 노력이 필요합니다. 하지만 그 과정에서 비로소 내 안의 목소리에 귀 기울일 수 있게 될 겁니다. 진짜 내가 원하는 것이 무엇인지, 어떤 가치관을 갖고 살아가고 싶은지 말이죠.

인생의 갈림길에서 내린 선택을 되돌아보세요. 내 판단이 정녕 '나'를 위한 것이었나요? 아니면 주변의 시선과 기대에 휘둘린 건 아니었을까요? 안타깝게도 후회스러운 선택의 이면에는 늘 내 목소리를 내려놓은 채 타인을 좇은 흔적이 있기 마련입니다.

물론 때론 남의 조언이 빠른 해결책이 될 수 있어요. 하지만 정작 그 선택의 무게는 오롯이 내 몫입니다. 쉽고 편한 길을 택했다가도 나중엔 후회하게 되는 이유입니다. 결국 우리에겐 '나다움'을 기준으로 한 선택만이 최선의 답이 될 수 있어요.

진정한 나를 마주하는 일, 처음엔 낯설고 어색합니다. 하지만 그 여정의 끝에서 기다리고 있는 것은 다름 아닌 '나다운 삶'입니다. 비로소 내 인생의 주인공으로 우뚝 설 수 있는 거죠. 수많은 가면을 벗어던질 때마다 느껴지는 해방감과 자유로움···. 이는 감당해야 할 두려움을 능가하는 인생의 힘이 될 거예요.

불안과 하이파이브!

오직 내가 원해서
보내는 시간

우리는 종종 타인의 기대와 사회적 압박 속에서 진정한 자아를 잃어버리곤 합니다. 이는 깊은 불안과 공허함의 원인이 됩니다. 이러한 '가면'에서 벗어나 진정한 자아를 찾는 방법을 제안하겠습니다.

실천 방법: 매주 한 번, 1~2시간 정도의 "나만의 시간"을 가져보세요.

1. 홀로 조용한 장소를 찾아갑니다.
2. 이 시간에는 오직 자신이 원하는 것만 합니다. 어떤 의무감이나 해야 하는 일이 아니라, 오직 내가 원해서 그 일을 합니다. 책을 읽거나, 음악을 들을 수도 있고, 그림을 그리거나 산책을 할 수도 있습니다.
3. 이때 느낀 감정과 생각들을 짧게 기록합니다.

이 과정을 통해 점차 자신의 진정한 모습에 더 가까워질 수 있습니다. 때로는 불편하고 두려울 수 있지만, 그 과정에서 느끼는 해방감과 자유로움은 그 무엇과도 바꿀 수 없을 것입니다.

PART. 2

확신할 수 없는 세상에서
나만의 답 찾기

30대 중반을 넘어서면서, 삶의 무게가 점점 무거워지는 걸 느끼시나요? 늘어나는 책임과 의무에 허리가 휘는 듯한 압박감, 익숙하실 겁니다. 매일 아침 거울을 보며 "오늘도 버텨내자"라고 다짐하는 자신을 발견합니다.

현재에 집중하면 미래의 불안을 잊을 수 있을 거라 믿으며 하루하루를 열심히 살아갑니다. 하지만 솔직히 말해볼까요? 그건 일시적인 위안일 뿐입니다. 밤늦게 퇴근길에 "이렇게 열심히 살아도 미래는 불확실해"라는 생각이 문득 스칩니다.

네, 정답이 없기에 불안합니다. 하지만 여기서 다르게 생각해볼 수 있습니다. 정답이 없다는 건, 우리가 만들어갈 수 있는 가능성이 그만큼 무한하다는 뜻이기도 합니다. 나의 선택이 곧 답이 될 수 있어요.

물론 쉽지 않습니다. 불안과 두려움이 끊임없이 당신을 괴롭힐 거예요. 하지만 이렇게 해보는 건 어떨까요? 구체적으로 그 불안의 원인을 찾아보세요. "나는 왜 불안할까?"라고 스스로에게 물어보세요. 재정적 불안정? 경력 개발의 정체? 가족에 대한 책임감? 원인을 명확히 알면 해결책도 보이기 시작합니다.

이런 시도는 모호한 불안을 구체화하는 과정입니다. 불안을 구체적으로 인식해야만 그것을 효과적으로 관리할 수 있기 때문입니다. 그리고 기억하세요. 이 과정은 마라톤과 같아요. 하루아침에 불안을 떨쳐낼 순 없습니다. 하지만 한 걸음 한 걸음 나아가다 보면, 어느새 당신은 그 불안을 다스리는 힘을 갖게 될 거예요.

미지의 세계는 두려움과 동시에 무한한 가능성이 공존하는 공간입니다. 당신의 선택과 노력으로 그 가능성을 현실로 만들어가세요. 불안에 짓눌리지 말고, 그것을 원동력 삼아 더 나은 미래를 향해 나아가세요.

1
세상을 바라보는
나만의 렌즈 만들기

　　연말이면 상담실은 예약이 가득 차곤 합니다. 많은 이들이 업무 평가에 대한 답답함과 분노, 배신감 등을 토로하러 오거든요. 상기된 얼굴과 떨리는 목소리로 한 해를 되돌아보는 내담자들은 회사를 위해 얼마나 열심히 일했는지, 주말도 반납하고 가족들의 원망을 감수해가며 헌신했다고 말합니다.

　　그러나 결과적으로 돌아오는 건 기대에 못 미치는 평가뿐입니다. "내가 이 정도밖에 안 되는 사람이었나?" 깊은 좌절감에 빠지곤 하죠. 팀과 회사의 실적을 위해 애썼건만 보답받지 못했다는 배신감, 억울함에 사로잡혀 분노에 휩싸이기도 합니다.

우리를 이토록 불안하고 우울하게 만드는 것, 삶을 고단하게 느끼게 하는 근원은 무엇일까요? 오랜 시간 곱씹어 보니 그 실마리는 바로 "내 안에 내재된 평가 기준"에 있더군요.

1인칭 시점의 중요성:
주관적 경험의 가치

우리는 부모와 교사, 연인과 친구, 회사 상사들의 평가에 무척 의존하며 살아왔습니다. 마치 그것이 삶의 전부인 양 착각하며 모든 것을 내던졌죠. 하지만 그 과정에서 우리 자신을 잃어버리고 말았어요.

35세 직장인 지환은 새로운 팀에 합류한 뒤로 극심한 스트레스에 시달리고 있습니다. 낯선 업무에 대한 두려움, 까다로운 상사에 대한 불안감 때문이죠. "동료들은 새로운 환경에 금세 적응하는데, 저는 왜 매번 이렇게 힘들까요? 제 눈엔 모든 게 위협적으로만 보여요."

'지금-여기'에 충실한 자신만의 기준을 세우지 않고 타인의 잣대를 따르는 한, 우리는 불안과 공포에서 벗어나기 어렵습니다. 남은 인생 역시 누군가의 눈치를 보며 위축된 채 살아가야 할 거예요.

물론 삶을 되돌아보는 일은 반드시 필요합니다. 더 나은 내일을 위해 노력하는 자세 자체가 문제는 아니에요. 다만 그 잣대가 나 자신이 아닌 타인에게서 비롯된다면, 우리는 영원히 불안의 굴레에서 벗어날 수 없을 거예요.

"전 타인의 시선이 너무 두려워요. 상대 표정이 조금만 달라져도 제 잘못은 아닐까 불안해하죠. 남들처럼 당당하게 살고 싶은데, 자꾸만 주눅 들고 맙니다. 도대체 어떻게 해야 할까요?"

우리가 잘못 살아온 건 아닙니다. 그저 주어진 환경 속에서 최선을 다해 적응하며 살아왔을 뿐이에요. 단지 변화한 현재에 걸맞은 새로운 기준을 세우지 못한 채, 과거의 잣대에 얽매인 것뿐입니다.

나만의 현실 구성하기:
인지 구성주의

30대 주부 선정은 완벽한 엄마가 되고 싶은 마음에 늘 조급해합니다. 아이를 위한 영어 교육, 발레 학원, 일일이 손수 하는 육아. 그 어느 하나 빠짐없이 해내고 싶은 욕심에 점점 지쳐만 갑니다. "난 왜 이렇게 불안하고 우울할까요? 남들처럼 여유 있게 아이를 키우고 싶은데, 자꾸만 불안에 떨게 돼요."

불안과 공포는 인류의 오랜 벗이었습니다. 태초부터 우리는 위험을 감지하고 대처하는 능력으로 생존을 이어왔죠. 불안은 곧 우리를 지켜주는 방패이자 창이기도 했어요.

하지만 현대를 살아가는 우리에겐 오히려 독이 되고 있습니다. 우리를 옭아매는 건 더 이상 굶주린 포식자가 아닙니다. 바로 나를 향한 타인의 평가와 시선, 그리고 내가 부여한 지나친 기준들이죠. 생존을 위협하는 건 외부의 적이 아닌, 오직 나 자신뿐입니다.

때론 놓아줄 줄 알아야 합니다. 그런 결단이 오히려 불안과 공포에서 벗어나는 길일 수 있어요. 주변의 기대, 스스로 세운 잣대에서 자유로워질 때 비로소 우리는 한 걸음 나아갈 수 있습니다. 물론 말처럼 쉽지 않습니다. 그동안 우리를 지탱해준 가치관과 신념, 살면서 의지해온 동력을 스스로 끊어내야 하니까요.

인지 구성주의 심리학자들은 말합니다. "우리가 믿는 세상은 결국 우리의 마음이 만들어낸 것"이라고요. 불안과 공포 역시 내 내면에서 비롯된 감정일 뿐이에요. 고정된 실체가 아닌, 바라보는 시선에 따라 얼마든지 재구성할 수 있는 것이죠.

눈앞의 상황을 내 방식대로 바라보는 연습. 그것이 바로 나만의 렌즈를 갖는다는 의미일 거예요. 세상을 '나'라는 주체로서 받아들이는 일. 바로 그 지점에서 우리는 불안의 늪에서 빠져나올 실마리를 찾을 수 있습니다.

40대 중반의 한 남성은 이런 경험을 들려주었습니다. "아내와 사별하고 아들과 단둘이 지내게 됐어요. 과연 내가 아이를 잘 키울 수 있을지, 아들에게 좋은 아빠가 될 수 있을지 너무나 두려웠죠. 그런데 문득 깨달았어요. 이 상황을 '불행'으로만 바라보는 게 아니라 아들과 더욱 가까워질 기회로 삼으면 어떨까 하는 거죠. 마음가짐을 바꾸니 전혀 다른 세상이 보이더라고요. 불안은 조금씩 희망으로 변해갔습니다."

우리에겐 선택할 수 있는 자유가 있습니다. 주변에 휘둘리는 대신 내 목소리에 귀 기울이는 일. 그 목소리에 따라 세상을 재구성하는 일. 낯설고 두려울 수 있지만, 그 길에서 진정 '나'를 만날 수 있습니다.

불안과 하이파이브!
불안을 넘어서는 새로운 시각

자신만의 시각으로 세상을 관찰하고, 내 언어로 그것을 재해석하는 일. 오늘의 불안과 내일의 두려움 앞에서 주춤거릴 때마다 나만의 렌즈를 기억하며 앞으로 나아가는 연습이 필요합니다.

실천 방법: "5분 마인드풀 관찰"
매일 5분 동안 다음 활동을 해보세요.

> 1. 편안한 자세로 앉거나 서서 주변을 천천히 둘러봅니다.
> 2. 눈에 들어오는 물건 하나를 선택하고, 그것을 마치 처음 보는 것처럼 자세히 관찰합니다. (익숙해지면 평소 익숙했던 나만의 습관, 업무방식 등에 대해 생각할 수 있습니다.)
> 3. 그 물건의 색깔, 모양, 질감 등을 주의 깊게 살펴봅니다. 그 물건에 대해 평소에 가지고 있던 생각이나 판단은 잠시 내려놓고, 지금 이 순간 보이는 그대로를 관찰합니다.

5분 후, 이 경험이 어떠했는지 잠깐 생각해봅니다. 평소와 다른 점을 발견했나요?

이 연습은 우리가 얼마나 빈번히 편향된 시각으로 세상을 인식하는지 일깨워줍니다. 익숙한 것도 새로운 시각으로 볼 수 있다는 경험은, 불안을 야기하는 상황들도 다르게 바라볼 수 있다는 통찰로 이어질 수 있습니다.

예를 들어, 직장에서 새로운 업무를 맡았을 때의 불안감도 다른 시각으로 바라볼 수 있습니다. 처음에는 새로운 업무에 대한 두려움으로 다가올 수 있지만, 이는 새로운 기술을 배우고 성장할 수 있는 기회이기도 합니다. "나는 새로운 도전을 통해 더 나은 전문가로 성장하고 있다"는 관점으로 전환하면, 이 경험이 자신감 향상과 경력 개발의 기회로 다가올 수 있습니다.

이 과정을 통해 여러분은 점차 상황을 다양한 각도에서 바라보는 능력을 기르게 될 것입니다. 불안을 야기하는 상황들이 새로운 의미를 가지게 되고, 그에 따라 불안감도 줄어듭니다.

우리가 믿는 세상은 결국 우리의 마음이 만들어낸 것입니다. 불안과 공포 역시 우리가 구성한 현실의 일부일 뿐입니다. 불안이 찾아올 때마다 이렇게 생각해보세요. "이것은 내가 성장하고 있다는 신호일지도 모른다." 여러분만의 고유한 렌즈로 세상을 바라본다면, 지금까지와는 전혀 다른 풍경이 펼쳐질 것입니다.

여러분의 렌즈를 통해 보이는 세상은 어떤 모습인가요?

2
불확실한 관계,
전략으로 풀어가기

"어떤 조직에서든 '관계의 달인'들이 있죠. 상사와 동료, 부하 직원 모두에게 두루두루 좋은 평가를 받는 사람 말이에요. 이들의 비결이 뭘까 관심이 갔습니다. 그러다 애착 이론에서 실마리를 찾았어요."

직장 내 대인관계에서 빛을 발하는 이들. 이들에겐 공통점이 있습니다. 상대방의 성향과 니즈에 귀 기울이고, 그에 맞는 소통 방식을 택한다는 거죠. 마치 영아기에 형성된 '애착 유형'에 따라 맞춤형 보살핌을 제공하는 것처럼 말이에요.

영국의 정신분석가 볼비는 말합니다. "아기는 엄마와의 상호작용을 통해 세상을 바라보는 렌즈를 갖게 된다"고요. 안정 애착을 쌓은 아이는 타인을 신뢰하고 세상을 긍정적으로 바라보지만, 불안정 애착의 경험은 대인관계에서의 불안과 공포로 이어진다는 것이죠.

관계 전략 수립의 비밀:
애착 유형 파악하기

38세 주부 진아는 어릴 적 냉정한 어머니 밑에서 자랐습니다. 혼자 있는 게 익숙한 그녀는 관계에서 늘 거리를 두곤 했죠. "사람들과 어울리는 게 피곤했어요. 그 누구도 내 마음을 알아주지 않을 것만 같았거든요. 회식 자리가 두려웠고, 가족 모임도 껄끄러웠어요."

반면 지나치게 얽매이는 애착 스타일의 하진은 사랑받지 못할까 봐 늘 불안해하면서도 자신의 욕구보다 상대의 기분을 먼저 살피느라 바빴죠. "저 혼자서는 어떤 결정도 내릴 수 없었어요. 늘 다른 사람들의 눈치를 보며 살았죠. 제 주관 없이 상대의 말을 좇기만 했던 것 같아요."

우리는 진아처럼 관계를 회피하려 들기도, 하진처럼 관계에 집착하기도 합니다. 어릴 적 경험이 빚어낸 애착 유형이, 성인기 관계 맺기 방식에도 투영되는 셈이죠.

그러나 이러한 패턴을 인식하면 오히려 효과적인 대응이

가능해집니다. 자신의 성향을 직시하고, 상대의 애착 스타일을 파악할 줄 아는 것. 그것이 바로 관계의 승부수가 되어주니까요.

회피형 동료에겐 '거리 두기'가 오히려 신뢰를 쌓는 지름길일 수 있어요. 반대로 불안정한 애착의 상사라면, 수시로 그의 욕구를 살피고 지지와 격려를 보내는 게 좋겠죠.

물론 쉽지 않을 겁니다. 낯선 방식으로 관계에 임하려면 많은 연습이 필요하니까요. 하지만 그 노력이 결국 나를 성장시키고, 든든한 인적 네트워크로 돌아옵니다.

우리는 누구나 '애착'이라는 보이지 않는 끈에 이끌려 살아갑니다. 상대방을 있는 그대로 바라보고, 그에 맞는 연결고리를 찾아가는 일. 불확실한 관계의 고리를 풀어가는 지혜는 바로 거기에 있습니다.

상호성의 원칙:
주고받음의 묘를 살리는 법

방송작가 영은의 이야기를 할까 합니다.

"모 방송사에서 일할 때였어요. 멘토로 배정된 선배가 정말 잘 챙겨주셨죠. 업무 노하우를 알려주고, 야근할 때마다 저녁도 사주셨어요. 덕분에 회사 적응도 빨랐고 실력도 늘었죠. 그런데 어느 날, 제가 낸 아이디어를 선배가 자기 것인 양 발표하더라고요. 당혹스러웠지만, 그동안 받은 도움을 떠올리니 쉽게 항의하기 어려웠습니다. 고민 끝에 용기를 내어 선배와 대화를 나눴죠. '언제나 신경 써 주셔서 감사하지만, 제 아이디어를 그렇게 가져가는 건 옳지 않은 것 같다'고 말씀드렸어요. 다행히 선배도 자신의 실수를 인정하시더라고요. 그 후로 우리 관계는 더 건강해졌습니다. 서로 존중하면서도 필요할 땐 솔직히 말할 수 있는 사이가 된 거죠."

이 경험은 직장 내 관계의 중요한 측면을 보여줍니다. 일방적인 도움이 지속되면 오히려 부담이 될 수 있고, 때로는 그 관계가 악용될 수도 있어요. 건강한 관계를 위해서는 적절한 경계 설정과 솔직한 소통이 필요합니다. 영은처럼 용기 내어 자신의 입장을 표현하는 것이 때로는 관계를 더 단단하게 만들 수 있습니다.

인간관계 속에는 수많은 무형의 교환이 끊임없이 이루어지고 있습니다. 나눔과 채움의 끝없는 순환. 그 과정에서 어느 한쪽으로 힘이 쏠리지 않도록 균형을 잡는 일. 불확실한 관계의 방정식을 풀어가는 실마리는 바로 거기에 있어요.

주변을 둘러보세요. 때론 내가 받은 만큼 베풀지 못했음을 깨달을 수 있어요. 반대로 내 정성을 외면한 채 일방적으로 요구하는 이들을 발견할 수도 있겠죠. 어느 쪽이든 주저 말고 목소리를 내는 용기. 그것이 곧 내 삶의 무게중심을 잡는 일이 될 거예요.

우리 인생의 궤적은 결국 '관계'로 엮여 있습니다. 균형 잡힌 호혜성의 관계. 그것이 바로 우리가 지향해야 할 이상적 관계의 모습일 겁니다. 한쪽으로 치우친 것이 아닌, 서로 채워주고 북돋워주는 상생의 원리 말이에요. 직장 내에서도 마찬가지입니다. 상사에게 일방적으로 받기만 하는 관계라면 부담과 미안함이 쌓이게 마련이에요. 때론 영은처럼 솔직한 소통으로 관계를 재정립할 필요가 있어요. 옳고 그름을 분명히 하는 당당함 역시 관계의 건강함을 좌우하는 요인이 될 테니까요.

불안과 하이파이브!

관계 균형 체크리스트

건강한 관계는 일방적인 것이 아닌 상호호혜적입니다. 때로는 도움을 받고, 때로는 도움을 주는 것. 이런 균형 속에서 우리는 불안을 줄이고 더 안정감 있는 직장 생활을 할 수 있습니다.

매주 금요일 퇴근 전, 5-10분 동안 다음 체크리스트를 작성해보세요.

1. 이번 주 내가 도움받은 일 3가지
2. 이번 주 내가 누군가를 도운 일 3가지
3. 균형이 맞지 않는다고 느낀 관계가 있다면 어떤 관계인지
4. 그 관계의 균형을 위해 다음 주 할 수 있는 작은 행동 하나

예를 들어:

1. 상사가 보고서 수정을 도와줌, 동료가 점심을 사줌, 후배가 자료 정리를 도와줌
2. 후배에게 업무 조언, 동료의 발표 리허설 들어줌, 상사의 커피 심부름
3. 항상 도움만 받는 A 선배와의 관계
4. 다음 주 A 선배에게 점심 한 번 사기

관계의 불균형으로 인한 불안이 지속된다면, 솔직한 대화를 나누는 것도 좋은 방법입니다. "선배님, 그동안 많이 도와주셔서 감사합니다. 저도 선배님께 도움이 되고 싶은데, 어떤 부분에서 제가 도울 수 있을까요?"와 같은 대화로 시작해보세요.

3

최선을 다했다면,
결과는 내려놓기

대영은 늘 남들이 부러워하는 삶을 살아왔습니다. 명문대 졸업에 대기업 간부로 승승장구했죠. 그는 열심히 살면 원하는 삶이 저절로 따라올 거라 믿었습니다. 하지만 40대 중반이 된 지금, 그의 마음엔 공허함만 가득합니다.

"어머니가 바라던 대로 살았더니 내 삶은 온데간데없이 사라져버렸어요. 난 대체 뭘 위해 살아온 걸까요? 이게 제가 꿈꾸던 모습일까요?" 채워지지 않는 빈 구멍으로 인해 그는 늘 불안하기만 합니다.

대영의 사례는 우리 사회에 만연한 '성공 신화'의 허상을 여실히 보여줍니다. 겉으로 보기에 완벽해 보이는 삶도 내면의 공허함을 채우지 못할 수 있습니다.

삶의 불가항력 앞에서
흔들릴 때

"열심히 살다 보면 언젠가 내가 바라던 삶이 펼쳐질 거야."
우리는 흔히 이런 믿음으로 살아갑니다. 착한 아들, 효녀가 되
기 위해 애썼고, 남들보다 앞서기 위해 밤낮으로 노력했죠. 꿈
꾸던 미래가 성큼 다가올 거란 기대감에 부풀어 있었습니다.

하지만 막상 40대가 되어보니 현실은 너무나 달랐어요. 안
정적이고 여유 있는 삶은커녕, 여전히 불안과 고민의 연속이
더라고요. "대체 뭐가 문제일까? 난 최선을 다했는데…." 막
연한 상실감에 빠져들곤 합니다.

인생에서 끊임없이 목표를 좇는 일, 누구나 경험하는 일입
니다. 그 목표의 이면에는 기대라는 심리적 기제가 작용하고
있죠. "기대-가치 이론"에 따르면 우리가 어떤 일에 몰두하는
이유는 그만한 보상을 기대하기 때문이랍니다.

간단히 말해 우리는 누구나 "노력한 만큼 대가를 받을 수
있다"는 기대를 품고 살아간다는 거예요. 투자한 시간과 열정
에 걸맞은 결실. 그것이 바로 우리를 이끄는 동력인 셈이죠.

37세 직장인 윤진은 5년 동안 변호사 시험을 준비했습니
다. 법조계에 대한 동경, 안정적인 미래에 대한 희망, 그 열망
으로 청춘을 불사른 셈이죠. 드디어 합격 통지를 받았을 때,

그녀는 앞으로 펼쳐질 찬란한 인생을 상상했습니다.

하지만 꿈에 그리던 변호사 생활은 녹록지 않았어요. 살인적인 업무량에 고객들의 눈치까지 보느라 눈코 뜰 새 없이 바빴죠. "나는 왜 이 길을 선택했을까?" 매일 밤 자신을 책망하며 잠들곤 했답니다.

어쩌면 인생의 많은 난관은 우리 마음속 기대와 현실의 괴리에서 비롯되는 게 아닐까요? 열심히 살면 언젠가 날 위해줄 거라는 맹목적 낙관, 노력한 만큼 반드시 보답받을 거라는 당연한 기대. 그런 환상이 우릴 옭아매고 있는 건 아닐까요?

내 안의 나침반을 믿기:
결과에 연연하지 않는 힘

우리는 투자와 결과가 비례하지 않는 세상에서 살아갑니다. 충분히 예견된 일인데도 막상 좋지 않은 결과를 만나면 우린 늘 당황하곤 합니다. 통제할 수 없는 변수투성이 인생에서, 결과에 일희일비하며 에너지가 낭비되는 게 안타까울 뿐입니다.

45세 중소기업 사장 P는 이런 일화를 들려주었습니다. "처음 사업을 시작할 때가 떠오르네요. 밤낮없이 바쁘게 돌아가는 타이밍 벨트 같았죠. 그렇게 분투하면 머지않아 성공할 수 있을 거라 굳게 믿었어요. 하지만 10년 후 돌아본 제 모습은 여전히 그 자리더군요. 그제야 깨달았습니다. 내 마음속 그림과 세상의 흐름은 다를 수밖에 없다는 걸요. 최선을 다했음에도 뜻대로 되지 않을 때가 있죠. 애초에 내 인생의 모든 것을 통제할 순 없잖아요. 그걸 인정하고 받아들이는 일, 쉽진 않았지만 그것이 저를 한층 성장시켰어요."

불가항력의 상황 속에서도 담담히 앞으로 나아가는 태도. 결국 우리에겐 그것이 필요합니다. 노력의 대가를 바라기보다, 내가 걸어온 시간 자체에 감사하는 마음, 자기 자신을 있는 그대로 품어주는 관용. 그런 여유가 있다면 설령 예상치 못한 결과를 마주한다 해도 의연히 받아들일 수 있지 않을까요?

삶의 여정에선 누구나 예기치 못한 불청객을 만나기 마련입니다. 애써 세운 계획이 흔들리고, 목표가 물거품이 되는 순간도 있죠. 하지만 좌절 속에서도 나침반을 잃지 않는 이들이 있습니다. 그들의 비결은 뭘까요? 통제할 수 없는 결과에 자신의 가치를 올인하지 않는 것, 그리고 내면의 나를 믿는 일. 바로 그 힘이 그들을 버티게 하는 원동력이 되어줍니다.

때론 인생의 파도에 휩쓸려 표류하듯 살아갈 때가 있어요. 막막한 안개 속에서 길을 잃은 듯한 기분. 하지만 그럴 때일수록 나침반을 믿으세요. 내 마음속 깊이 새겨진 가치와 신념 말이에요. 세상의 기준에 흔들리지 않는 굳건한 태도가 결국 그 안개를 걷어낼 거예요.

우리에겐 각자만의 인생 시계가 있습니다. 어떤 이는 빠르게, 또 다른 이는 더디게 흘러가죠. 내 속도에 남의 잣대를 들이댄다면 쓸데없는 열등감에 사로잡힐 뿐이에요. 지금 이 자리가 어디든, 묵묵히 한 걸음씩 내디디는 것. 포기하지 않고 걷는 한 반드시 나만의 목적지에 다다를 테니까요.

불안과 하이파이브!

3년 후의 나 그리기

우리는 종종 '열심히 살면 언젠가 좋은 날이 올 거야'라는 막연한 기대를 품고 살아갑니다. 하지만 이런 모호한 희망은 오히려 불안을 키울 수 있습니다. 막연한 기대감만 있을 뿐 원하는 삶에 대한 구체적인 생각이 없기 때문에 바라는 것들이 이루어져도 행복을 인식하지 못합니다.

실천 방법: "3년 후의 나 그리기"

> 1. 3년 후 당신이 꿈꾸는 삶의 모습을 구체적으로 적어보세요. 직업, 관계, 건강, 취미 등 다양한 측면에서 생각해보세요. 마치 다 이루어진 것처럼 생생하게 기록해보는 것이 좋습니다.
> 2. 그 모습에 도달하기 위해 지금부터 할 수 있는 작은 행동들을 리스트 업 해보세요.
> 3. 매월 첫째 주 일요일에 이 목표를 점검하고 수정하세요. 변화하는 상황과 가치관에 따라 목표도 유연하게 조정할 수 있어야 합니다.

우리가 꿈꾸는 모든 것을 이루기는 어려울 수 있습니다. 그러나 중요한 것은 그 과정에서 우리가 어떻게 성장하고 변화하는지입니다. 목표를 향해 나아가는 과정에서 얻는 경험과 깨달음, 그리고 그 속에서 발견하는 자신의 모습. 이것이야말로 진정한 의미이자 행복입니다. 결과에 얽매이지 말고 매 순간 최선을 다하며 자신의 성장을 즐기세요. 그것이 바로 불안을 넘어 진정한 삶의 가치를 찾는 길입니다.

4
완벽함의 함정에서
벗어나기

　　직장 생활에서는 완성도와 시간 관리의 균형이
중요합니다. 아무리 완벽한 보고서라도 마감일을 놓치면 그 가
치가 크게 떨어집니다. 제 동료 Q의 사례를 들어보겠습니다.

　Q는 '모든 것이 완벽해야 한다'는 강박관념에 사로잡혀 있
었습니다. 초안부터 내용, 구성, 결과까지 모든 것을 완벽하게
만들려 했지요. 그 결과 늘 시간에 쫓겼습니다. 하지만 문제는
그가 생각한 '완벽'이 주어진 시간 내에는 달성되지 못했다는
점입니다. 실제로 그 수준의 디테일을 요구하는 사람은 없었
습니다.

　사실 Q의 완벽주의는 자신의 부족함에 대한 내면의 불안
에서 비롯된 것이었습니다. 현실적인 요구라기보다는 비합리

적인 신념이 만들어낸 '완벽의 감옥'이었던 거죠.

다행히 Q는 이 괴리를 점차 인식하게 되었습니다. 또한 자신이 생각하는 완벽이 다른 이에게는 그렇지 않을 수 있으며, 오히려 함께 일하는 동료들에게 부담이 될 수 있다는 점도 이해하게 되었습니다.

Q는 아직도 완벽성과 시간 효율성 사이에서 균형을 찾으려 노력 중입니다. 하지만 이제는 적절한 수준에서 만족하는 법을 연습하고 있습니다. 이는 직장생활에서 효율성과 생산성을 높이는 중요한 태도 변화라고 할 수 있습니다.

건강한 완벽주의 vs
건강하지 못한 완벽주의

우리 삶에는 완벽을 갈망하는 순간들이 있습니다. 최선을 다해 목표를 이루고자 하는 마음, 그 자체는 참 귀한 것입니다. 문제는 그 열정이 지나칠 때 생깁니다. 지나친 집착은 우리의 잠재력을 제한하는 족쇄가 될 수 있습니다.

상담 과정에서 높은 정서적 회복력을 가진 내담자들을 종종 만나게 됩니다. 이러한 내담자의 경우 심각한 자기방어 체제를 구축한 경우를 제외하고는 자신의 문제를 수월하게 인식하고, 훨씬 편안한 마음으로 변화를 수용합니다.

건강한 완벽주의자는 높은 기준을 세우되, 상황에 맞게 유연하게 조율할 줄 압니다. 노력의 과정 자체에서 의미를 찾고, 결과에 연연하지 않죠. 반면 건강하지 못한 완벽주의자는 주어진 여건과 상관없이 도달할 수 없는 목표에 사로잡힙니다. 사소한 실수조차 용납하지 못하고, 스스로를 가혹하게 채찍질합니다.

이는 개인의 성향 탓도 있지만, 성장 과정의 영향이 큽니다. 어린 시절 부모님의 지나친 기대, 실수를 용인하지 않는 분위기는 병리적 완벽주의의 씨앗이 됩니다. 그 결과 우리는 자신의 가치를 업적으로 증명하려 애쓰고, 타인의 평가에 목매달게 되죠.

내 기준이 항상 옳은 것은 아닙니다. 명확히 옳거나 틀렸다고 판단할 수 있는 완벽한 답은 없습니다. 우리가 굳건히 지키고자 하는 삶의 원칙들이 항상 세상의 흐름과 일치하지 않으며, 그것이 반드시 옳다고 할 수도 없습니다. 그런데 우리는 마치 그 기준이 세상의 전부인 양, 그렇게 따르지 않으면 어떻게 되는 것처럼 살고 있지 않은가요? 때로는 내가 그렇게 지키고 싶은 가치 기준을 상대가 이해하지 못하거나, 인정해주지 않거나, 나와 비슷한 수준의 반응을 하지 않는다면 섭섭하거나, 분노하는 경우도 있지요?

"쓰러질 정도로 아파 오늘은 정말 쉬고 싶었어요. 하지만 저에게 특별히 주신 프로젝트이니 빠른 시간에 완벽하게 끝내야만 한다는 생각에 도저히 빠질 염치가 없어 출근하긴 했어요. 다른 친구들 같으면 쉽게 연차를 사용했을 텐데 저는 왜 그게 안 될까요?"

때로는 '충분히 잘했다'고 자신에게 말할 줄 아는 관용이 우리에겐 필요합니다. 내 기준에 미치지 못했다고 해서 스스로를 채찍질할 필요는 없어요. 그보다 지금껏 걸어온 여정을 있는 그대로 껴안는 것, 그것이 건강한 완벽주의로 나아가는 지혜로운 한 걸음이 됩니다.

비합리적 신념 수정하기:
인지행동치료 기법

우리의 불안과 스트레스는 종종 비합리적 사고에서 비롯됩니다. '반드시 성공해야만 해', '절대 실수하면 안 돼'와 같은 극단적 신념들 말이에요. 인지행동치료는 이런 부적응적 사고를 건강한 방향으로 바꾸는 데 도움을 줍니다.

심리학자이자 상담전문가인 저 역시 이런 비합리적 사고 패턴에서 자유롭지 않습니다. 특히 중요한 강의를 앞두고 있을 때면 실수에 대한 과도한 두려움에 사로잡혀, 준비 과정부터 지나친 부담을 느낍니다. 이렇게 준비한 강의는 대부분 만족스럽지 않은 결과로 이어졌습니다.

이후에는 '사람들이 내 전문성을 의심하지 않을까?', '왜 나는 이 정도 수준밖에 되지 않는 걸까?' 등의 부정적 생각에 빠져 자괴감을 느끼곤 했습니다. 하지만 점차 깨달았습니다. 전문가도 사람인 이상 실수할 수 있고, 타인의 평가를 완전히 통제할 수 없다는 것을요.

이제는 이런 감정에서 빨리 벗어나기 위해 노력합니다. 완벽주의적 사고를 버리고, 실수를 성장의 기회로 받아들이며, 타인의 평가에 지나치게 연연하지 않으려 합니다. 이러한 인식의 변화가 오히려 제 성과와 만족도를 높이는 데 도움이 되고 있습니다.

인지행동치료의 핵심은 '기능적 사고'를 찾아가는 것입니다. 내 감정과 행동에 부정적 영향을 미치는 사고방식을 자각하고, 그것을 현실적이고 유연한 믿음으로 재구성하는 거예요. 물론 하루아침에 되는 일은 아닙니다. 하지만 꾸준히 실천한다면 우리는 한층 자유로워질 수 있어요. 자신의 내면에 숨겨진 어두운 면과 마주하는 것은 쉽지 않지만, 그 도전을 받아들이는 용기를 내보는 것은 어떨까요?

우리의 삶은 완벽과는 거리가 멉니다. 시행착오를 겪으며 성장하는 것, 그것이 인간의 숙명이라 할 수 있죠. 그 과정에서 자신을 비난하기보다 응원할 수 있다면 얼마나 좋을까요? 실수했다면 '그럴 수도 있지'라고 받아들이고, 다시 일어설 용기를 주는 겁니다. 시간이 걸려도 괜찮아요. 천천히, 그렇지만 꾸준히 나아가다 보면 어느 날 그 목소리가 당신의 일부가 되어 있을 거예요.

불안과 스트레스의 근원을 찾는 일, 쉽지만은 않은 길입니다. 하지만 그 길 위에 서 있다는 사실만으로도 자기를 뿌듯하게 여기셔도 됩니다. 자기 내면과 마주하는 일, 그것은 이미 대단한 용기라고 생각해요. 완벽한 삶이란 없습니다. 있는 그대로의 우리 모습을 온전히 품어내는 것, 아마도 그것이 가장 완벽에 가까운 삶이 아닐까요?

자기를 온전히 받아들이는 연습

누군가의 삶이 완벽해 보일 때, 우리는 자신의 모습이 초라하게 느껴져 좌절하곤 합니다. 하지만 이는 우리가 만든 함정일 뿐입니다. 진정한 행복은 자신의 존재를 있는 그대로 받아들이는 데서 시작됩니다.

실천 방법: "자기 수용 일기"

매일 저녁, 5~10분 동안 다음 질문들에 답해보세요.

> 1. 오늘 내가 잘한 일 3가지는 무엇인가?
> 2. 오늘 실수했거나 후회되는 일이 있다면 무엇인가? 그리고 그것을 어떻게 받아들일 수 있을까?
> 3. 나의 어떤 면을 더 사랑해주고 싶은가?

완벽한 삶이란 존재하지 않습니다. 우리는 실수 없는 삶을 살 수 없습니다. 대신, 우리는 매일 조금씩 성장하고 배우는 존재입니다. 때로는 열심히 노력했음에도 원하는 결과를 얻지 못할 수 있습니다. 이럴 때 가혹한 자기 평가를 멈추고 "세상에는 너무나 많은 기준이 존재해"라고 위로해보세요. 우리의 가치는 결과물로 정해지는 것이 아니라, 그 과정에서의 노력과 성장으로 결정됩니다.

자기 존재를 온전히 받아들이는 것은 평생의 과제입니다. 하루를 마무리하며 자신에게 이렇게 말해보세요. "오늘 하루도 최선을 다했어. 그것만으로도 충분해."

5
두려움을 딛고
한 걸음 내딛기

"주변 사람들을 보면 모두 똑똑하고, 뛰어나고, 멋지고, 센스 있고, 능력 있어 보여요. 다들 행복하게 잘 사는 것 같아요. 반면에 저는 태어날 때부터 흙수저인 데다 특별한 능력도 없어요. 열심히 노력하고는 있지만, 변화가 없이 제자리걸음인 것 같아요. 왜 항상 이 모양 이 꼴일까요?"

하지만 이는 우리의 시선 차이에서 오는 착각일 수 있습니다. 타인을 볼 때는 작은 장점도 크게 보이고, 자신을 볼 때는 사소한 단점도 크게 느껴지는 법이죠. 이런 평가의 오류 때문에 우리는 실제로 가진 것이 많아도 초라하고 부족하게 여기곤 합니다. 사실 모두는 나름의 고민과 어려움을 안고 살아가고 있어요. 자기 짐이 가장 무거워 보이는 법이예요.

두려움에 맞서기:
불안을 딛고 일어서는 용기

우리 삶은 늘 불확실성과 마주합니다. 내일 무슨 일이 일어날지, 내가 원하는 대로 될지 누구도 장담할 수 없죠. 이런 불안정성 앞에서 두려움을 느끼는 것은 지극히 자연스러운 일입니다. 하지만 두려움이라는 감정에 머물러 아무것도 하지 않는다면, 우리는 영원히 제자리걸음일 수밖에 없어요.

은서의 이야기를 들려드릴게요. 그는 안정적인 직장에 다니고 있었지만, 늘 마음 한구석이 공허했습니다. 진정 하고 싶은 일을 하며 살고 싶다는 열망이 있었지만, 막상 큰 결심을 내리기엔 두려움이 앞섰죠. '지금 이 정도 버는 직장을 그만둔다는 건 너무 무모한 짓 아닐까? 실패하면 어쩌지?' 밤마다 머릿속을 맴도는 걱정에 쉽사리 발걸음을 떼지 못했어요.

하지만 어느 날 은서는 친구들과 술자리에서 머뭇거리던 자신의 속내를 꺼냈습니다. 그랬더니 뜻밖에도 많은 이들이 자신과 같은 고민을 한다며 공감해주었습니다. 그 순간 은서는 깨달았습니다. 두려움은 나 혼자만의 문제가 아니라는 걸요. 모든 사람이 인생의 중요한 갈림길에서 불안과 망설임을 경험한다는 것을 알았습니다. 중요한 건 그럼에도 '그 두려움과 맞서 한 발짝 내딛는 용기'라는 것도 말입니다.

그 후 은서는 조금씩 달라지기 시작했습니다. 퇴근 후에는 꿈꾸던 일과 관련된 강의도 듣고, 관심사를 나눌 동료들도 만나며 가능성을 탐색했죠. 준비 과정에서도 많은 고민이 있었지만 그 속에서도 은서는 자신이 조금씩 앞으로 나아가고 있음을 느꼈다고 합니다. 결과가 어떨진 모르지만, 두려움에 맞선 그 자체로 삶은 더욱 풍성해졌다고 말하더군요.

실패를 두려워 말기:
넘어짐도 성장의 디딤돌

새로운 도전을 앞두고 우리를 주저하게 만드는 가장 큰 이유는 아마 '실패에 대한 두려움'일 거예요. 우리의 노력이 수포로 돌아가고, 그 결과로 받게 될 상처가 두려운 것입니다. 하지만 곰곰이 생각해보면 우리 인생은 넘어짐의 연속 아닐까요? 걸음마를 배울 때도, 자전거 타기에 도전할 때도 우린 수없이 넘어지며 배웠잖아요.

저 역시 셀 수 없이 많은 실패와 좌절을 겪으며 살아가고 있습니다. 아마 평생 이런 경험으로 고민하고 갈등하며 살아갈 것 같습니다. 특히 심리 상담 전문가로서 전문성을 키우는데 집중하다 보니, 주변 지인들처럼 금융이나 부동산 투자에 대해서는 무지한 상태였습니다. 가끔 호기심에 시작한 투자에서 단 한 번도 성공하지 못했습니다.

때로는 투자금이 적어 "에이, 빨리 잊어야지"라고 넘길 만한 수준도 있었지만, 대출받은 목돈으로 한 부동산 투자의 실패는 아직도 가슴 아픈 기억으로 남아 있습니다. 이런 과정을 겪으면서 깨달은 점이 있습니다. 아프고 여전히 걱정되지만, 해야 할 것과 하지 말아야 할 것이 있다는 사실입니다.

이 경험을 통해 저는 다시 본업, 즉 전문성에 투자하는 데 최선을 다하고 있습니다. '또 하나 배웠다'고 생각하면서 말이죠. 실패는 우리에게 값진 교훈을 줍니다. 우리의 한계를 알게 해주고, 우리가 진정으로 잘할 수 있는 것이 무엇인지 깨닫게 해줍니다.

실패를 두려워하지 말고, 그것을 성장의 기회로 삼아야 합니다. 모든 실패는 우리를 더 강하고 현명하게 만드는 경험이 될 수 있습니다. 중요한 것은 실패에서 배우고, 그 교훈을 바탕으로 다시 일어서는 용기입니다.

스포츠 스타 마이클 조던은 이런 말을 남겼죠. "나는 인생에서 9000개의 슛을 놓쳤다. 300번 이상의 경기에서 졌다. 적어도 26번은 팀이 나를 믿고 맡긴 마지막 슛을 놓쳤다. 난 내 인생에서 계속해서 실패했다. 그리고 그것이 바로 내가 성공하는 이유이다."

실패의 순간조차 우리를 성장시키는 토대가 된다는 깨달음, 이는 우리에게 큰 힘을 줍니다. 물론 실수하고 싶은 사람은 없겠죠. 하지만 그것이 두려워 아예 시도조차 하지 않는다면, 우리는 영원히 안전지대에 머물 수밖에 없어요. 때로는 실패를 겸허히 받아들이는 용기가 필요합니다. 그것이 진정 우리를 한 단계 높은 곳으로 이끄는 원동력이 될 테니까요.

상처받을 용기를 내기

어쩌면 우리는 인생에서 안전만을 추구하며 살아가고 있는지도 모릅니다. 편안함이라는 껍질에 둘러싸여, 그 안에서 결코 벗어나려 하지 않는 거죠. 하지만 그렇게 살아가는 동안 우리는 얼마나 많은 기회와 가능성을 놓치고 있을까요? 때로는 우리를 감싸고 있는 안전한 껍질을 깨고 미지의 세계로 나아가는 용기가 필요합니다. 새로움을 맞이하는 일, 그 과정에서 상처받는 것조차 겸허히 받아들이는 자세가 우리를 성장시킵니다.

심리학자 알프레드 아들러는 말했죠. "긴장감 없는 삶, 갈등 없는 삶이란 존재할 수 없다. 우리는 환경에 적응하고자 분투하는 가운데 성장해 나간다." 익숙한 것에서 벗어난다는 건 쉽지 않은 일이에요. 하지만 용기를 내서 그 불편함을 받아들일 때, 비로소 우리는 한층 성숙해질 수 있어요.

상담자로서 내담자와 만나며 가장 놀라운 순간은, 그들이 내면의 깊은 상처를 꺼내 보일 때예요. 아물지 않은 아픔을, 그것도 잘 모르는 누군가에게 말한다는 건 엄청난 용기가 필요한 일이거든요. 하지만 그들의 눈빛 속에선 묘한 힘이 느껴집니다. 자신의 그림자마저 껴안으려 노력하는 그 순간, 그들은 이미 치유의 길에 들어선 거예요. 상처받을 각오가 있다면, 우리는 두려움 없이 앞으로 나아갈 수 있어요. 지금 내 안의 나약함과 마주하는 것, 그것이 진정한 용기의 시작이 아닐까요?

지금 이 순간에도 불안과 두려움 때문에 망설이고 계신가요? 괜찮습니다. 그럴 수 있어요. 하지만 부디 포기하지 마세요. 지금 이 글을 읽고 계시는 당신이, 두려움에 맞서 한 걸음 내딛는 바로 그 순간을 응원하겠습니다. 우리는 모두 불안을 딛고 일어설 수 있는 용기를 가진 존재들이니까요.

당신의 가슴속엔 어떤 꿈이 자리 잡고 있나요?

불안과 하이파이브!
매월 시도하는 작은 도전의 힘

전문성 향상과 자기 발전은 작은 도전에서 시작됩니다. '매월 작은 도전하기'
를 통해 자기 분야에서 능력을 향상시키고 불안을 좋은 동력으로 활용하는 방
안에 대해 이야기해보겠습니다. 다음은 예시이니 자신의 전문성과 관심 분야
에 맞게 다양하게 도전 과제를 만들어보면 좋겠습니다. 관건은 "실패해도 크
게 힘들지 않은 새 일에 도전하기"입니다.

실천 방법: "매월 작은 도전"

1월: 관련 분야의 새로운 책 1권 읽기

2월: 온라인 강좌 수강하기

3월: 업무 관련 컨퍼런스 또는 세미나 참석하기

4월: 새로운 업무 도구 익히기: 업무 효율성을 높일 수 있는 새로운 소
프트웨어나 도구

5월: 멘토 찾기: 업계의 선배나 전문가에게 조언을 구해보세요. 짧은 커
피 미팅도 좋습니다.

6월: 업무 프로세스 개선하기: 현재 업무 방식을 점검하고 개선점을 찾
아 실행해보세요.

7월: 새로운 프로젝트 제안하기: 평소 생각해왔던 아이디어를 정리해
상사나 동료에게 제안해보세요.

(8~10월: 생략)

11월: 업무 관련 블로그 시작하기: 자신의 전문 분야에 대한 생각을 정리하고 공유해보세요.

12월: 한 해 성과 정리 및 새해 계획 세우기: 올해의 도전들을 돌아보고, 새해의 목표를 세워보세요.

꾸준한 작은 도전이 모여 큰 변화를 만듭니다. 이번 달부터 작은 도전을 시작해보세요. 한 가지 주의하셔야 할 것이 있어요. 도전의 과제는 실천 가능한 것, 평가 가능한 것이었으면 해요.

6
불안과 함께
살아가는 법 배우기

우리는 종종 타로, 사주, 점 등에 의지하여 삶의 해답을 쉽게 얻고 싶어 합니다. 힘들고 막막할 때면 더욱 그렇죠. 하지만 이런 방식으로는 근본적인 문제 해결에 다가가기 어려워요. 고민의 과정을 생략한 채 얻은 조언은 순간의 위로는 줄 수 있어도, 진정한 내적 성장으로 이어지기 어렵습니다. 오히려 스스로에 대한 믿음을 잃고, 혼란에 빠질 수 있죠.

더 근본적으로는 이렇게 결정권을 타인에게 맡기려는 태도 자체가 문제가 될 수 있어요. 자신의 삶에 대한 책임을 회피하려는 태도는 인격 성숙의 큰 장애물이 됩니다. 비록 험난할지라도 내 삶의 선택은 스스로 감당해 나가는 자세, 그것이 진정 우리를 성장시키는 원동력이 될 거예요.

마음챙김의 실천:
현재에 집중하기

불안은 종종 과거의 후회나 미래에 대한 걱정에서 비롯됩니다. 우리는 '그때 그렇게 하지 말걸'이라는 자책에 빠지기도, '앞으로 어떻게 하지' 고민에 휩싸이기도 하죠. 하지만 이런 생각들은 오히려 현재를 살아가는 우리의 발목을 잡곤 합니다. 그래서 중요한 건 '지금, 여기'에 온전히 머무르는 연습이에요.

우리는 흔히 모든 문제를 해결할 마법의 열쇠나 즉각적인 해답, 고통 없는 성장을 갈망합니다. 불안할 때면 더욱 그렇죠. 하지만 안타깝게도 삶은 그런 무궁무진한 해결책을 제공하지 않아요. 오히려 우리에겐 불안과 함께 살아가는 법을 배워야 할 때가 있습니다.

요즘처럼 과학기술이 눈부시게 발전하는 시대에 살고 있으니 기술의 혜택을 입으면 '불안 따위는 쉽게 극복할 수 있지 않을까?' 하는 막연한 기대를 하게 되는 것 같아요. 물론 우리 삶의 물질적 조건은 나날이 개선되고 있죠. 하지만 아무리 환경이 편해진다 해도 인간의 내면세계까지 바꿔놓진 못해요.

인간의 근본적인 고뇌는 시대가 변해도 크게 달라지지 않았습니다. 우리의 존재 이유와 삶의 목적에 대한 질문은 여전히 우리를 괴롭힙니다. 그런 근원적 문제는 기술의 힘으로 단

번에 해결할 수 없어요. 오히려 자기 성찰의 시간, 인내의 과정이 필요하죠. 불안이 완전히 사라졌다면, 오히려 그것은 우리의 성장이 정체되었다는 신호일 수 있습니다. 앞으로 전진하려면 어느 정도 긴장감은 필요하니까요.

깊은 고민과 생각의 시간을 가졌다면, 사실 우리는 이미 해답의 실마리를 쥐고 있는지도 모릅니다. 이제 필요한 것은 복잡하게 얽힌 문제들을 하나씩 끈기 있게 풀어나가는 인내심입니다. 그 과정에서 우리를 지탱해주는 건, 바로 '지금, 이 순간'에 온전히 머무르려는 자세입니다.

마음챙김은 과거의 후회와 미래의 걱정에서 벗어나 현재에 집중하는 연습으로, 불안으로 흔들리는 우리의 마음을 안정시켜줍니다. 호흡에 집중하고, 지금 하는 일에 정성을 다하는 것. 작아 보일지 모르지만 이런 훈련들이 불안과 함께 살아가는 힘을 길러줍니다. 매 순간이 소중하다는 깨달음, 그것이 우리를 불안의 늪에서 건져 올리는 희망이 됩니다.

스트레스 내성 키우기:
고통에 머무르기

현대인에게 스트레스는 피할 수 없는 일상의 일부가 되었어요. 문제는 이 스트레스가 만성화되면 우리 몸과 마음에 좋지 않은 영향을 준다는 거죠. 면역력이 떨어지고, 만성 피로에 시달리기도 해요. 정서적으론 불안, 우울감이 깊어지기도 하고요. 그래서 어떻게 스트레스에 잘 대처할 수 있을지, 그 내성을 기르는 게 중요합니다.

무리하게 고통을 참으라는 것이 아닙니다. 하지만 일상의 크고 작은 도전들, 그것을 피하기보다 받아들이는 연습이 필요해요. 그 속에서 쌓이는 성취감이 자신감으로 이어질 테니까요. 불편함을 견디는 능력이 바로 불안을 이겨내는 내적 근력이 될 수 있습니다.

영화 〈매트릭스〉의 한 장면이 떠오르네요. 주인공 네오에게 선택의 기회가 주어지죠. 가상세계에 안주할 것인가, 아니면 고통스럽지만 진실된 현실을 마주할 것인가. 우리네 인생도 이와 다르지 않습니다. 안락함에 안주하기보다는 두렵고 불확실한 현실과 정면으로 마주해야 합니다.

물론 그 길이 순탄치만은 않습니다. 좌절과 고뇌의 순간도 있을 거예요. 하지만 그 모든 것이 삶의 일부라는 걸 받아들일 때, 우리는 내적으로 한 뼘 더 성장할 수 있어요. 어릴 적 꿈꾸던 이상과는 다를지라도, 지금 우리가 살아가는 이 삶 자체에 의미가 있다고 믿습니다. 비록 불안과 동행하는 길이 험난할지라도 우리에겐 그 여정을 견뎌낼 힘이 있으니까요. 눈앞의 고통을 인내하며 한 걸음 한 걸음 전진할 때, 어느새 우리는 단단해져 있을 거예요.

불안은 분명 고통스러운 감정입니다. 피하고 싶고, 애써 외면하고 싶은 그런 마음이죠. 하지만 우리가 그동안 보지 못했던 세상에 대해 눈을 뜨게 해주는 것도 바로 불안이라는 점, 잊지 말았으면 해요. 불안 속에서 더욱 깊이 나를 돌아보고, 내 삶의 좌표를 가다듬을 수 있으니까요.

때론 불안이 우리의 앞길을 가로막는 장애물처럼 느껴질 거예요. 하지만 돌이켜 보면 그 불안이 오히려 우리를 앞으로 나아가게 하는 원동력이 되어 준다는 걸 깨닫게 될 거예요. 불안을 만났다는 건 그만큼 우리가 성장하고 있다는 증거니까요. 그 성장의 과정이 결코 편할 순 없겠지만, 그 여정 자체가 값진 거라고 생각해요.

불안과 함께 대화하기

우리는 종종 불안을 제거하거나 피하려고 합니다. 하지만 진정한 해결책은 불안과 함께 살아가는 법을 배우는 것입니다. 불안을 적이 아닌 내면의 한 부분으로 받아들이는 법을 살펴볼게요.

실천 방법: "불안과의 대화"

1. 매일 5분씩 '불안과의 대화' 시간을 가져보세요.
2. 불안을 의인화하여 상상해보세요. 어떤 모습인가요?
3. 그 불안에게 이렇게 물어보세요.
   - "너는 왜 여기 있니?"
   - "네가 나에게 전하려는 메시지가 뭐니?"
   - "내가 너를 어떻게 대해주길 원하니?"
4. 불안의 입장에서 이 질문들에 답해보세요.
5. 이 과정에서 느낀 점을 간단히 기록해보세요.

불안과 대화를 나누면서, 그것이 우리에게 전하는 메시지를 이해하고 수용하는 과정은 내면의 평화를 찾아가는 여정이 될 것입니다.

이 여정에서 가장 중요한 것은 자기 자신에 대한 연민과 이해입니다. 불안한 순간에도 자신을 다그치지 말고, 따뜻하게 감싸 안아주세요. "괜찮아, 이런 감정도 자연스러운 거야"라고 스스로에게 말해주세요.

7

빠르게 변하는 세상,
유연하게 적응하기

"세상이 너무 빠르게 변해가는 것 같아요. 기술은 하루가 다르게 발전하고, 사회 구조도 급변하고 있죠. 때로는 이 모든 변화를 따라잡기가 벅차게 느껴집니다. 새로운 시스템에 적응하고, 끊임없이 새로운 기술을 배워야 하는 압박감이 크죠. 하지만 동시에 이런 변화가 우리에게 새로운 기회를 제공한다는 것도 알고 있습니다. 어떻게 하면 이 변화의 물결 속에서 균형을 잡고, 나아가 이를 성장의 기회로 삼을 수 있을까요?"

급격한 외부 변화와 더딘 내면의 성장 사이에서 우리는 심한 정서적 혼란을 겪습니다. 이런 상황 속에서 겉보기엔 안정적인 것처럼 보이는 직장인들조차도 급격한 변화와 내적 불균형을 감당하기 힘들어 상담실을 찾습니다. 나이나 성별, 직급에 상관없이 끊임없이 밀려오는 변화 속에서 답을 찾아야만 하는 불안감과 두려움은 모두에게 공통된 과제입니다.

변화를 기회로:
개인적 변화 관리 전략

변화는 우리 삶에 늘 함께하는 동반자입니다. 새로운 직장, 새 가정, 낯선 문화권으로의 이주. 익숙함을 벗어나 새로움과 마주할 때 누구나 두려움과 불안을 느낍니다. 하지만 이런 변화의 순간이 곧 우리에게 성장의 기회가 될 수 있음을 잊지 말아야 해요.

모든 변화에 적응하는 건 결코 쉽지 않습니다. 익숙해진 삶의 방식과 너무나 다른 환경에 놓이게 되는 경우라면 더욱 그렇죠. 물론 어느 정도 예상 가능한 변화라면 그간의 경험을 통해 잘 극복해 나갈 수 있습니다. 그러나 때로는 아무리 노력해도 좀처럼 이해하기 힘든 사람들, 관계들, 문화들 그리고 시스템들이 존재하기 마련이에요. 이렇게 우리가 쌓아온 상식과 이해의 영역을 넘어서는 변화는 때로 우리의 정체성 자체를 위협하는 듯한 느낌을 줍니다.

변화를 긍정적으로 바라보는 시각, 그것이 무엇보다 중요합니다. 낯선 환경을 위협으로 여기기보다 나를 한 단계 도약시킬 디딤돌로 여기는 거죠. 그 과정에서 시행착오를 겪을 수도, 좌절할 수도 있습니다. 하지만 그 모든 경험이 결국 나를 더 단단하고 유연한 사람으로 만들어 준다는 걸 기억하세요.

변화에 적응하기 위해 무조건 바쁘게 움직일 필요는 없어요. 때로는 한걸음 물러서서 내 마음에 귀 기울이는 시간도 필요하죠. 나는 지금 어떤 생각과 감정을 느끼고 있는지, 내가 진정 원하는 것은 무엇인지 천천히 살펴보세요. 그 과정에서 나를 지탱해줄 핵심 가치를 발견할 수 있을 거예요.

인지적 유연성 훈련:
다양한 관점 키우기

급변하는 세상을 살아가다 보면 내 예상과 다른 상황, 내 기준에서 벗어난 사람들을 만나게 됩니다. 이해할 수 없는 조직 문화, 받아들이기 힘든 가치관의 차이. 그럴 때마다 우리는 혼란스러워지고, 불안감에 휩싸이곤 하죠. 강한 방어기제가 작동해서 상대를 공격하거나 비난하고 싶은 충동에 사로잡히기도 해요.

하지만 내 기준이 절대적일 수는 없어요. 세상에는 다양한 시각과 관점이 공존하니까요. 나와 다른 생각을 '틀린 것'이라 단정 짓기보다는, 그 이면에 담긴 맥락과 의도를 궁금해하는 열린 자세가 필요해요. 상대방의 입장에서 세상을 바라보려 노력하다 보면, 차이 너머에 공통점을 발견할 수 있을 거예요.

이를 위해 우리에겐 '인지적 유연성'이 필요합니다. 고정관념에서 벗어나 다양한 시각으로 문제에 접근하는 능력이죠. 물론 나와 다른 시각을 이해한다고 해서 모든 차이를 다 받아들여야 한다는 건 아니에요. 그럴 필요도 없습니다. 다만 상대방의 관점에 귀 기울이려 노력하는 과정 자체가 의미 있다는 거죠. 그 속에서 우리는 조금 더 유연해지고, 포용력 있는 사람으로 성장할 수 있으니까요.

변화의 소용돌이 한가운데서도 흔들리지 않는 내적 평온함. 그것이야말로 진정한 적응력의 비결이 아닐까요? 내 삶의 주인공은 다름 아닌 바로 나 자신이라는 믿음 말이에요.

불안과 하이파이브!

유연한 마음 키우기

익숙한 것에서 벗어나 낯선 영역을 개척하는 일, 분명 두렵고 불안할 거예요. 하지만 변화를 피할 수는 없어요. 중요한 건 그 변화를 어떻게 맞이하느냐죠.

실천 방법: "유연성 훈련"

1. 일주일에 한 번, 새로운 경험 하기
   - 평소 가보지 않은 카페 방문하기
   - 익숙하지 않은 장르의 영화 보기
   - 새로운 요리법 시도하기
2. '다른 시각' 연습하기
   - 매일 저녁, 그날 있었던 일을 다른 사람의 입장에서 생각해보기
   - 뉴스를 볼 때 다양한 관점에서 해석해보기
3. 마인드맵 그리기
   - 주간/월간 단위로 생각과 감정을 마인드맵으로 정리하기
   - 이를 통해 사고 패턴을 객관적으로 관찰하고 연결점 찾기

이러한 훈련들은 우리의 인지적 유연성을 높여줍니다. 처음에는 어색하고 불편할 수 있지만, 꾸준히 실천하면 점차 다양한 상황에 적응하는 능력이 향상될 것입니다. 변화는 위협이 아닌 기회가 될 수 있습니다. 새로운 환경을 두려워하지 말고, 그것을 통해 자신을 한 단계 성장시킬 수 있는 디딤돌로 여겨보세요.

PART. 3

공허를 넘어 충만한 삶으로

우리 삶엔 언제나 불안과 두려움이 함께합니다. 아무리 애써도 떨쳐내기 힘든 그림자 같은 존재죠. '왜 나만 이런 걸까?'라는 생각에 괴로워할 때가 있어요. 하지만 이런 감정은 우리가 살아 숨 쉬는 존재라는 증거이기도 해요. 그것을 온전히 받아들일 때 우리는 비로소 앞으로 나아갈 수 있습니다.

상담 현장에서 만나는 내담자들도 비슷한 고민을 털어놓곤 해요. 불안에 휩싸여 밤잠을 설치는 날들, 막연한 미래에 대한 두려움에 몸살을 앓는 시간들. 그럴 때마다 전문가로서 해줄 수 있는 가장 중요한 조언은, 불안과 두려움이 우리 곁을 맴도는 것은 어쩌면 당연한 일이라는 거예요. 그와 함께 살아가는 법을 배우는 일, 비록 불편할지라도 그것이 우리에게 주어진 숙제라는 걸 깨닫게 해주죠.

사실 저 역시 삶의 전환점마다 불안과 맞서 끊임없이 싸워야 했어요. 내 안의 공허함을 채우고자 일에 매달리기도, 학문의 바다에 뛰어들기도 하고, 새로운 영역을 통해 전문성을 조금이라도 키우기 위해 애썼지요. 그런 노력들이 결코 헛되지는 않았어요. 하지만 어느 순간 문득 깨달았죠. 아무리 많은 것을 채워 넣어도 내 안엔 여전히 공허한 자리가 남아 있다는 것을. 우리가 온전히 메울 수 없는, 그래서 더 소중한 그 공간 말이에요.

처음엔 그 사실이 두렵고 불편하기만 했어요. 하지만 이제는 조금 달라졌죠. 우리 인생에는 어쩔 수 없이 빈 공간이 존재한다는 걸 인정하게 된 거예요. 그리고 그 공허함이 오히려 우리를 앞으로 나아가게 하는 원동력이 될 수 있다는 걸 깨달았죠. 떨쳐낼 수 없는 불안함 속에서도 우리는 살아갈 이유를 찾아야 하니까요.

물론 그 공허함이 때론 우리를 힘들게 할 거예요. 하지만 그것과 친구가 되는 법을 배운다면, 우리는 조금 더 단단해질 수 있을 거예요. 불안이라는 벗과 함께 살아가는 지혜, 어쩌면 그것이 우리에게 주어진 가장 큰 숙제가 아닐까요?

공허함을 끝까지 쫓아가 봐야 우리 곁을 맴도는 그림자일 뿐이에요. 그것을 없애려 하기보다는, 그 안에서 전진할 동력을 발견하는 것이 더욱 중요합니다. 우리는 불안함 속에서도 앞으로 걸어가야 하는 존재니까요. 비록 불안이 우리 곁을 떠나지 않을지라도, 그것과 함께 살아가는 법을 익혀가는 오늘의 당신을 응원해요. 빈 공간 하나쯤은 우리 삶에 꼭 필요한 거예요. 그 자리가 있기에 우리는 계속해서 앞으로 나아갈 수 있으니까요. 당신의 공허함을 온전히 품어 안으세요.

1
채울수록 커지는
공허라는 불치병

        종수는 불과 3개월 전에 새 차를 구입했지만, 벌써 더 좋은 차를 찾아 전전긍긍합니다. 올해만 벌써 세 번째로 차를 바꾸려 합니다. 영민 역시 출장길에 공항 면세점에서 고민에 빠집니다. 사실 별로 필요 없는 물건이지만, 구매욕을 억누르기 힘들어 주위 사람들에게 뭘 사가야 하는지 조언을 구하고 있어요. 이처럼 우리는 이미 충분한 것을 가지고 있음에도, 늘 무언가 부족하다는 생각에 사로잡혀 있습니다. 온갖 유혹들이 끊임없이 우리의 공허함을 자극하죠. 온라인 중고거래 사이트엔 이런 허기를 달래기 위해 구매했다가 버려진 물건들이 가득합니다.

공허를 껴안다

우리는 종종 무언가를 채움으로써 삶의 공허함을 달래려 애씁니다. 새 차를 사고, 브랜드 가방을 구입하고, 끊임없이 물건을 사 모으죠. 마치 그것이 내면의 빈 공간을 메꿔줄 것만 같은 착각에 빠지기도 해요. 하지만 아무리 많은 것을 가져도 마음속 갈증은 쉬이 가시지 않습니다.

사실 우리는 태어나면서부터 끝없는 욕망과 함께 '공허'라는 불치병을 안고 살아갑니다. 더 높은 지위, 더 많은 재산, 더 큰 사랑…. 우리는 '더'라는 유혹에 늘 휩싸여 있죠. 그러다 보면 어느새 깊은 공허감에 빠져들곤 해요.

첫 경험의 강렬함은 특히나 잊기 힘들죠. 그때 느꼈던 짜릿함을 다시 맛보고 싶어 우리는 점점 더 자극적인 것을 찾아 헤매게 됩니다. 하지만 그런 자극들은 우리를 진정한 행복으로 이끌기보다는 깊은 수렁 속으로 밀어 넣을 뿐이에요. 순간의 만족을 위해 더 큰 공허함을 마주하게 되는 셈이죠.

아무리 많은 것을 채워 넣어도 우리 내면에는 여전히 채워지지 않는 빈 공간이 존재해요. 그 사실을 인정하는 것, 어쩌면 그것이 공허함을 받아들이는 첫걸음이 아닐까요?

우리는 완벽함을 추구하지만, 정작 그 완벽함이 우리를 더 큰 공허로 이끌곤 해요. 끝없이 채우려 애쓰지만 오히려 삶은 더 피폐해지기만 하죠. 어느 순간 뒤를 돌아보면 우리가 만들어 온 빈 공간들이 너무나 많다는 걸 깨닫게 돼요. 이제 와서 다 메울 수도 없는 그 공허함 앞에서 우리는 숙연해질 수밖에 없어요.

비움을 통한
채움의 역설 이해하기

때로는 그 빈 공간을 있는 그대로 받아들이는 것이 우리에게 필요합니다. 모든 빈틈을 메우려 강박적으로 노력하기보다는, 그 공허함 자체를 온전히 받아들이는 연습 말이에요. 텅 빈 듯한 그 공간이 오히려 무한한 가능성의 원천이 될 수 있다는 걸 기억하세요. 진정한 충만함은 역설적이게도 비움의 과정을 통해 얻을 수 있습니다.

그 과정이 쉽진 않아요. 공허함이 주는 고통을 온몸으로 견뎌내야 하니까요. 하지만 그 고통을 인내할 때, 우리는 조금씩 자유로워질 수 있어요. 완벽하지 않아도 괜찮은 자신의 모습을 받아들이게 되는 것입니다.

저 역시 완벽한 삶을 향해 달려왔어요. 채워야 한다는 강박에 시달리며 내면의 목마름을 달래 보려 애썼죠. 하지만 어느 순간 깨달았어요. 모든 빈 공간을 다 메울 순 없다는 사실 앞에서 저는 선택을 해야만 했어요. 불편하고 고통스럽더라도 그 빈 공간을 그대로 받아들이기로 한 거예요. 그때부터 저는 조금씩 비우는 연습을 시작했어요. 집착을 내려놓고, 있는 그대로의 저를 마주하기로 한 거죠. 처음엔 두렵고 머뭇거렸지만, 하나둘 내려놓을수록 마음이 가벼워지는 걸 느꼈어요. 채우려 안간힘 쓰던 과거의 제 모습을 떠올리면, 절로 미소가 지어질 만큼요.

물론 지금도 공허함은 제 곁을 맴돌아요. 그럴 때면 조용히 그 친구와 마주 앉아 대화를 나누곤 해요. 달아나려 하기보다 그 속에서 삶의 의미를 발견하려 노력하는 거죠. 어쩌면 우리 인생이란 공허감과의 끝없는 대화의 연속인지도 몰라요.

오늘도 여러분 가슴 한켠에 공허함이 스며들지 않나요? 너무 불안해하진 마세요. 우리 함께 그 공허함과 마주 앉아 보아요. 달아나지 않고, 그 속에서 삶의 깊이를 발견해 보는 거예요. 그 고독한 대화 끝에서 우리는 조금 더 단단해진 자신을 만날 수 있을 테니까요.

삶의 자유도 높이기: 비움 챌린지

공허함을 채우려는 노력이 오히려 더 큰 공허를 만들 수 있습니다. 때로는 그 공허함을 있는 그대로 받아들이는 것이 해답이 될 수 있습니다. 이를 통해 우리는 '덜 가짐으로써 더 얻는' 역설적 진실을 경험합니다.

실천 방법: "비움 챌린지"

이 챌린지는 물질적 소유와 정신적 집착에서 벗어나, 진정한 자유를 경험하는 것을 목표로 합니다.

1. 일주일간 "비움 챌린지"를 시작합니다.
2. 매일 다음 활동 중 하나를 선택하여 실천합니다.
   - 물건 비우기: 사용하지 않는 물건 3개를 처분하거나 기부합니다.
   - 2시간 디지털 디톡스: 모든 전자기기 끄고 오프라인 활동 집중
   - 마음 비우기: 15분간 명상을 하며 모든 생각을 비웁니다.
   - 관계 정리: 부정적 영향을 주는 SNS 친구나 연락처를 정리합니다.
   - 시간 비우기: 불필요한 약속 하나 취소, 오직 나를 위한 시간으로.
   - 욕심 내려놓기: 하루 동안 어떤 것도 구매하지 않습니다.
   - 감정 비우기: 오래된 분노나 미움을 적어 태우는 의식을 합니다.
3. 매일 저녁, 그날의 경험을 짧게 기록합니다. 비움 챌린지 후 어떤 감정이 들었는지, 무엇을 깨달았는지 적어봅니다.
4. 일주일 후, 전체 경험을 돌아보며 자신의 변화를 관찰합니다.

이 챌린지를 통해 우리는 물질적, 정신적 소유에 대한 집착에서 벗어나 진정한 자유를 경험할 수 있습니다. 처음에는 불편하고 두려울 수 있지만, 점차 가벼워지는 마음을 느끼게 될 것입니다.

우리가 아무리 발버둥 쳐도 인생의 모든 빈틈을 메울 순 없습니다. 그 사실을 겸허히 받아들이는 것, 그것이 역설적으로 공허함을 이겨내는 힘으로 작용합니다. 나는 잘난 존재도 아니고 못난 존재도 아니고, 다만 존재일 뿐입니다.

2
음식으로 달랠 수 없는 허기,
공허함과 마주하기

내담자들의 고민을 들어보면 이런 사례가 많습니다.

"마음이 우울하고 공허할 때면 으레 음식으로 위안을 얻으려 할 때가 많죠. 늦은 밤 혼자 야식을 먹으며 맥주를 곁들이곤 하죠."

"요즘 체중이 너무 늘어서 걱정이에요. 항상 배는 부른데, 입에선 자꾸 뭔가를 달라고 보채네요. 마치 제 안에 굶주린 괴물이 있는 것만 같아요."

이들의 공통점은 먹고 나면 후회하고 자책하지만, 그래도 멈출 수 없다는 거예요. 감정적 공허를 채우려는 시도가 악순환의 고리를 만들어내고 있어요.

감정 섭식의 이해와
대처 방법

오늘날 우리는 풍요로운 시대를 살아갑니다. 먹을거리가 넘쳐나고, 하루가 멀다 하고 맛집 정보들은 쏟아집니다. 하지만 이런 풍요 속에서도 우리는 종종 허기짐을 느낍니다. 배가 고파서가 아니라, 마음이 공허해서 찾아오는 허기라는 증거입니다.

결혼 10년 차 주부 은진의 사례가 떠오르네요. 출산 후 찾아온 우울감과 허전함을 달래기 위해 밤마다 야식을 찾았습니다. 남편과 아이들이 잠든 후 홀로 불을 켜고 냉장고를 열어젖히는 게 일상이 되어버렸습니다. 먹으면 잠깐은 위안이 됐지만, 정작 해결되는 건 없었습니다.

은진의 경험처럼 우리는 종종 감정의 허기를 음식으로 달래려 합니다. 스트레스받으면 먹어야 풀리고, 외로우면 달콤한 음식에 위안을 얻으려 하죠. 이런 행동들을 '감정 섭식'이라고 합니다. 일시적으론 도움이 될지 몰라도, 결국 문제의 근원을 해결하진 못해요. 이는 건강 악화와 자존감 하락으로 이어지는 악순환을 낳습니다.

공허함이라는 불편한 심리 상태를 벗어나기 위해 우리는 온갖 노력을 기울입니다. 자기계발에 매진하고, 대인관계에

힘쓰며 SNS와 신상으로 자신을 치장하죠. 하지만 채워도 채워도 끝이 없는 게 바로 공허함이에요. 한 가지 욕구를 충족하면 또 다른 욕망이 고개를 들죠. 그렇게 우리는 끊임없는 갈증에 시달리게 됩니다. 이는 단순히 물질적 결핍에서 비롯된 허기가 아닙니다. 오히려 타인과의 비교 속에서 느끼는 열등감, 인정받지 못할 것 같은 두려움이 자아내는 심리적 굶주림이라 할 수 있죠. 그러나 이러한 내적 공허는 단순한 음식 섭취로는 해결할 수 없는 깊은 문제입니다.

그렇다면 감정 섭식의 유혹을 이겨내는 방법은 없을까요? 무엇보다 자신의 섭식 습관을 객관적으로 바라보는 것이 중요해요. 어떤 상황에서 폭식하게 되는지, 그 근원엔 어떤 감정이 자리 잡고 있는지 말이죠. 먹는 행위 자체에 집중하기보다 그 이면의 마음을 들여다보려 노력해보세요.

포만감 너머의
진정한 만족 찾기

"장기적인 경기 침체와 만연한 불안감, 그리고 한국인들의 불행이 먹방을 낳은 것 같다."《이코노미스트》는 이미 2013년에 한국의 '먹방' 열풍을 두고 이런 분석을 내놨습니다. 말 그대로 우리 사회 전반에 깔린 무력감과 공허함이 폭식이라는 왜곡된 방식으로 표출되고 있다는 거죠. 포만감에도 불구하고 계속되는 섭식 행동은 유년기 애착 문제가 성인기 중독으로 발전하는 과정과 유사한 양상을 보입니다. 먹는 행위로 느끼는 일시적 포만감이 공허함을 달랠 수 있을 거란 기대 말이죠. 하지만 되려 습관적 폭식은 자책감과 수치심만 부추길 뿐, 내면의 빈 공간을 더욱 넓혀갈 뿐이에요.

어느 철학자는 이렇게 말했죠. "포만감과 만족감은 다르다." 배가 불러도 마음이 허전할 수 있고, 배가 고파도 충만할 수 있다는 거예요. 진정한 만족이란 겉으로 드러나는 것이 아닌, 내면에서 비롯되는 법이니까요.

따라서 공허함을 느낄 때, 음식에 의존하기보다 잠시 멈춰 자신을 돌아보는 것은 어떨까요? 내가 진짜 원하는 게 무엇인지, 내면의 목소리에 귀 기울이는 시간 말이에요. 사랑하는 사람들과 함께하는 시간, 소중한 꿈을 향한 한 걸음, 혹은 삶의 소중함을 되새기는 고요한 명상. 어쩌면 그런 것들이 주는 충만함이야말로 진정 우리가 찾던 것일지 모르겠네요. 가장 중요한 것은 자신의 감정을 회피하지 않고 정면으로 마주하는 훈련입니다. 그 속에서 진정 자신이 원하는 게 무엇인지 깨달을 수 있을 테니까요.

공허함은 분명 피하고 싶은 감정이에요. 하지만 인생의 모든 허기를 음식으로 달랠 순 없어요. 그저 포만감에 매달리기보다 자신만의 삶의 의미를 발견해가는 일, 그게 우리에겐 정말 필요한 과제 같아요. 아무리 많이 먹어도 채워지지 않는 마음의 구멍, 우리가 진정 갈망하는 건 푸짐한 한 상이 아닌 다른 어떤 것일지도 모르겠어요. 외면하고 도망치기보다 잠시 멈추어 자신과 마주하는 용기, 생의 고단함 속에서도 소소한 기쁨을 발견하는 지혜… 그런 것들이 우리를 진정한 풍요로 이끄는 걸음이 되어줄 거예요.

오늘부터 당신의 내면을 풍요롭게 할 무언가를 향해 작은 발걸음을 떼어보는 건 어떨까요? 마음껏 먹고 또 먹어도 헛헛하기만 했던 일상에서 벗어나, 생의 진정한 포만감을 느껴보는 거예요. 사랑, 꿈, 감사, 성찰. 어쩌면 우리 영혼이 진짜 주리고 있는 건 바로 그런 것들인지도 모르겠네요. 그 여정 속에서 우리는 분명 단순한 포만감 너머의 참된 행복을 발견하게 될 거예요.

불안과 하이파이브!
공허 마주하기

우리 모두에게는 공허함의 순간이 찾아옵니다. 중요한 것은 그 공허함을 어떻게 다루느냐입니다. 음식으로 일시적인 포만감을 얻으려 하기보다는, 내면의 진정한 욕구에 귀 기울여보세요.

실천 방법: "공허 명상"

1. 준비 및 집중
   편안한 자세로 앉아 눈을 감고 5분 타이머를 설정합니다. 깊게 호흡하며 자신의 내면에 집중합니다.

2. 공허 관찰
   공허함이 느껴지면, 그것을 피하지 말고 있는 그대로 관찰합니다. 그 감정이 몸의 어느 부분에서 느껴지는지, 어떤 색깔이나 형태로 느껴지는지 주목합니다. 판단하지 않고 그저 바라보기만 합니다.

3. 마무리 및 기록
   5분이 지나면 천천히 눈을 뜨고, 경험을 간단히 기록합니다. 어떤 감정이 들었는지, 무엇을 깨달았는지 적어보세요.

공허함은 우리 삶의 자연스러운 일부입니다. 이 공허함을 통해 우리는 오히려 자신의 진정한 욕구와 가치를 발견할 수 있습니다. 공허함을 마주하는 용기, 그것이 바로 진정한 충만함으로 가는 첫걸음입니다.

3
관계가 공허감을 키우는 소셜 미디어

"'친구들은 요즘 뭐하고 살까?' 하는 순수한 호기심에서 시작된 SNS 활동이 어느새 숨 막히는 경쟁으로 변해버렸어요. 남들 못지않은 삶을 과시하기 위해 분주히 살아가는 제 모습을 봅니다. 좋은 음식을 먹고, 멋진 장소를 찾아다니며 SNS에 인증샷을 올리지만 마음 한편으론 공허함이 밀려와요. 진짜 제 일상인데도 왠지 모르게 연출된 것 같달까요? 진정성을 잃어가는 것만 같아 쓸쓸해집니다."

틈만 나면 페△을 들여다보는 제 모습을 봅니다. 그 시간들이 흘러간 뒤에 남는 건 아무것도 없다는 걸 알면서도, SNS의 흡인력에선 좀처럼 벗어나기 힘들더라고요. 혹시 이런 게 중독일까요?"

소셜 미디어가 숨긴
관계의 진실

우리는 소셜 미디어라는 가상의 공간 속에서 다양한 관계들을 경험합니다. 시공간의 제약을 넘어 언제 어디서든 타인과 소통할 수 있다는 건 분명 매력적이에요. 하지만 이런 온라인상의 관계들이 과연 얼마나 깊이 있는 유대감을 만들어낼수 있을까요?

저는 종종 내담자들로부터 이런 이야기를 듣곤 해요. "SNS 상에서는 수많은 '좋아요'와 댓글로 인정받는 기분이 들어요. 하지만 정작 현실로 돌아오면 마음 둘 곳 하나 없이 외롭더라고요." 이들의 고민에서 소셜 미디어로 맺어진 관계의 본질적 한계를 엿볼 수 있습니다.

물론 SNS를 통해 의미 있는 관계를 만들어가는 사람들도 있습니다. 공통의 관심사로 시작된 대화가 곧 돈독한 유대로 이어지는 경우도 있죠. 하지만 우리가 SNS에서 맺는 관계란 대부분 피상적 수준에 그칠 수밖에 없어요. 한 번의 클릭과 짧은 댓글로 완성되는 소통이 과연 진정성을 담보할 수 있을까요?

한 광고 기획자의 사례가 떠오릅니다. 그는 수만 명의 팔로워를 거느린 인플루언서이자 오피니언 리더입니다. 광고에 대한 다양한 견해뿐만 아니라 화려한 일상을 공유하며 많은 이들의 부러움을 한 몸에 받고 있죠. 하지만 어느 날 그는 제게 나지막이 이렇게 속내를 털어놓았습니다.

"겉으로 보기에는 관심과 사랑을 받는 것처럼 보여도 마음 속에 남아 있는 빈 공간은 채울 수 없네요. 보이는 겉모습의 화려함이 아닌 진정으로 나를 이해해주고, 아끼고 사랑해주는 사람이 없다는 게 너무나 외롭고 공허합니다. 황 박사에게 상담을 한번 받아봐야 할 것 같아요."

SNS에 게시되는 화려한 삶의 모습들은 우리를 불필요한 비교의 함정에 빠뜨리곤 합니다. 타인의 삶은 마냥 풍요로워 보이는 반면, 정작 자기 현실은 초라하게만 느껴집니다. 하지만 우린 잊고 있어요. 그들 역시 SNS 너머 현실의 고단함을 감내하고 있으리라는 사실을 말이에요.

SNS에서 타인의 삶과 나를 비교하다 보면 순식간에 비참함과 공허함에 휩싸이곤 해요. SNS에 깊이 빠질수록 허무한 관계의 덫에 걸려 자존감은 곤두박질치고, 삶에 대한 회의감만 깊어져 갈 수밖에 없습니다.

그럼에도 우리는 자꾸만 그 피상적인 세계에 매료되곤 합니다. SNS 속에서 우리는 자신만의 이미지를 만들어내지요. 하지만 그 화려한 프로필 이면에는 여전히 공허함이 도사리고 있어요. 아이러니하게도 그 빈 구멍을 메우기 위해 다시 SNS로 향하곤 합니다. 퇴근길 지하철에서 핸드폰을 꺼내 인△△

와 페△을 켜보는 게 일상이 되어버렸죠. '좋아요'라는 보상에 집착하느라 정작 지금 이 순간을 온전히 느끼지 못하는 거죠.

피상적 관계의 반복으로 인한 피로와 권태감, 이것이 현대인이 경험하는 외로움의 근원일지도 모릅니다.

'좋아요'만으로는
좋지 않다

그렇다면 우리는 어떻게 이런 피상적 관계에서 벗어날 수 있을까요? 무엇보다 SNS의 한계를 인정하는 일이 중요해 보여요. 아무리 많은 사람과 소통한다 해도, 그것이 결코 깊이 있는 유대를 대신해줄 순 없다는 걸 자각하는 거죠. 우리에겐 여전히 면대면의 진솔한 만남이 필요해요.

저는 소셜 미디어를 초창기부터 사용해왔고, 다양한 SNS를 일상과 전문 영역에서 적극 활용하고 있습니다. 하지만 오랜 시간 SNS를 통해 관계를 맺고 유지하다 보면 어딘가 허전하고 공허함을 느끼곤 합니다. 아마 여러분도 비슷한 경험이 있으실 겁니다.

이러한 경험은 저로 하여금 관계의 빈도와 깊이 그리고 기능적, 인격적 관계의 차이에 대해 고민하게 했습니다. SNS를 통해 많은 기능적 관계를 형성할 수 있지만, 결국 우리는 누군가가 진정으로 나를 이해하고, 관심 가져주며, 공감해주기를 갈망한다는 것을 깨달았습니다. 그래서 저는 비록 수는 적지만 가족, 친구, 동료와의 관계에 더욱 집중하며, 이를 통해 진정한 행복을 느끼고 있습니다.

물론 살아가다 보면 외로울 때가 있기 마련이에요. 그럴 때 SNS에서 잠시 위안을 얻는 것 자체를 문제 삼을 순 없겠죠. 다만 그것이 진정한 관계를 대체할 순 없다는 사실을 잊지 말아야 해요. 결국 우리에겐 함께 웃고 울 수 있는 든든한 동반자가 필요하니까요.

나를 있는 그대로 이해해주고 받아들여 주는 사람. 때로는 따끔한 조언도 서슴지 않는 고마운 존재. 어쩌면 우리가 SNS에서 그토록 찾아 헤매던 건 바로 그런 진실한 관계가 아닐까요?

주변을 살펴보세요. 기쁨과 슬픔을 함께 나눌 수 있는 소중한 사람들이 분명 여러분 곁에 있습니다. 그들과 마주 앉아 진솔하게 대화를 나누다 보면, 어느새 내면에 깃든 외로움도 서서히 녹아내릴 거예요.

SNS는 분명 유용한 소통의 창구예요. 하지만 그것만으로 충만한 관계를 이룰 순 없어요. 온라인과 오프라인의 균형을 잃지 않는 것, 그것이 건강한 관계의 비결이 아닐까 싶네요.

분명 여러분 곁에는 '좋아요'와 '공유'로는 대체할 수 없는, 온전히 여러분 자체를 사랑해줄 소중한 사람들이 있을 거예요. 오늘 하루, 그들과 가슴 벅찬 추억을 만들어보시는 건 어떨까요? SNS에 인생을 맡기기보다, 살아 숨 쉬는 진짜 당신으로 살아가는 걸 응원합니다.

불안과 하이파이브!
SNS 디톡스 실천하기

소셜 미디어는 우리에게 연결의 환상을 제공하지만, 종종 더 깊은 공허함을 남깁니다. 오늘은 이러한 디지털 세상에서 벗어나 진정한 관계를 회복하는 방법에 대해 이야기해보겠습니다.

실천 방법: "디지털 디톡스와 실제 관계 강화"

1. SNS 사용 시간 제한
   - 스마트폰의 '스크린 타임' 기능을 활용해 SNS 사용 시간을 하루 30분으로 제한합니다.
   - SNS를 열어볼 수 있는 특정 시간대를 정합니다(예: 저녁 7-8시).
2. 오프라인 관계 강화
   - 매주 한 명의 친구나 가족과 직접 만나는 약속을 잡습니다.
   - 만남 시 핸드폰을 무음 모드로 설정하고 가방에 넣어둡니다.
   - 상대방의 이야기를 경청하고, 진솔한 대화를 나눕니다.
3. 디지털 디톡스 데이 만들기
   - 한 달에 한 번, 하루 동안 모든 디지털 기기를 끄고 자연과 함께하는 시간을 가져보세요. 내면의 목소리에 귀 기울이고 자아를 성찰하는 기회입니다.

이 실천 방법을 통해 우리는 SNS의 표면적 관계에서 벗어나 더 깊고 의미 있는 관계를 만들어갈 수 있습니다.

4
타인의 기대에 부응하는
삶의 한계

"우리나라 입시제도, 참 모두가 피해자 같아요. 제 동생 얘기 저번에 말씀드렸죠? 동생은 정말 재능이 많았어요. 특히 음악에선 천재적이었죠. 근데 그 재능이 부모님이 원하는 길과 달라서 갈등이 컸어요. 끝내 스스로 삶을 놓아버리고 말았죠. 전 그 후로 부모님을 위해 살았어요. 누구나 인정하는 성공을 거뒀죠. 하지만 이젠 알겠어요. 제 인생이 텅 비어 있다는 걸. 때론 동생처럼 모든 걸 놓아버리고 싶어질 때도 있어요. 표면적 성공 뒤에 감춰진 공허함, 그 늪에서 좀처럼 벗어날 수가 없네요."

"저도 선생님이 말씀하신 에너지 개념으로 제 상황을 표현해볼게요. 제 삶의 에너지를 1에서 100까지라고 가정하면, 정작 저 자신을 위해 쓰는 건 고작 5 정도밖에 안 되는 것 같아요. 나머지 95는 다른 이들의 기대와 사회적 압박을 충족시키는 데 소진되고 있죠. 가끔은 15만 저에게 쓸 수 있어도 좋겠다고 생각해보지만, 결국 그 5마저도 쓰기 힘든 현실이네요. 점심 후 15분 낮잠, 할인매장에서 사는 옷 몇 벌, 주말의 짧은 낮잠과 스포츠 관람, 회식 술자리. 이게 제게 허용된 채움의 전부예요. 이 틀과 굴레에서 벗어나고 싶은 마음이 굴뚝같지만, 그러면 안 된다고 스스로 다그치고 있어요. 정말 이렇게 살아야만 하는 걸까요? 아니면 다른 길이 있을까요?"

누군가의 공허를 채워주었다고
열심히 살고 있다 착각하지 말자

우리는 다른 이들의 기대를 충족시키려 노력합니다. 부모님의 바람대로 살거나, 배우자의 기대에 부응하려 노력하죠. 하지만 그 과정에서 정작 내 삶은 뒷전으로 밀려나기 일쑤예요. 주변 사람들의 만족도는 높아지지만, 정작 나에게는 책임과 의무만 늘어가는 기분이에요.

얼마 전 만난 은수의 이야기가 떠오르네요. 그는 죽도록 노력해 어렵사리 성공가도를 달리고 있었죠. 남들 보기엔 부러움 그 자체였어요. 하지만 정작 은수의 마음속엔 기쁨도, 만족감도 찾아볼 수 없었습니다. 오히려 불안과 공허함만 가득했죠. 왜 그럴까요? 열심히 살았으니 행복할 줄 알았는데, 그 행복을 누리는 건 자신이 아닌 주변 사람들뿐이라는 걸 깨달은 거예요.

종종 우리는 타인을 위해 희생하며 살아가곤 해요. 그들의 빈 공간을 메꾸기 위해 우리의 시간과 열정을 쏟아붓죠. 마치 내가 원하던 것을 이뤄주는 것처럼 말이에요. 하지만 어느 순간, 그 과정에서 정작 자기 삶은 텅 비어버렸다는 걸 깨닫게 돼요. 남을 채워주느라 정작 제 인생은 사라져버린 거죠.

우리는 때론 자신의 빈 공간을 다른 이에게 채워주길 바라고, 또 때론 스스로 누군가의 빈자리를 메꾸려 많이 노력합니다. 다른 이의 인생에 우리가 원하는 가치를 투영하고, 그들이 그에 맞게 살아주길 강요하죠. 그리고 마침내 우리 바람대로 될 때, 마치 내 삶이 충만해진 양 만족감을 느끼기도 해요.

하지만 이런 타인 중심적 삶이 반복되다 보면 어느 순간 우리는 스스로 만들어낸 공허함과 맞닥뜨리고 맙니다. 그런데도 우리는 익숙한 기준에서 벗어나기 힘들어해요. 타인을 위해 살아온 시간을 자신의 진정한 삶이라 여기는 것은 안타까운 착각일 수 있습니다. 우리의 길을 걷는 게 아니라, 타인의 공허함만 메우고 있었던 건 아닌지 돌아볼 일입니다.

만약 우리가 진정 원하는 가치를 좇았다면 어땠을까요? 더 행복했을지도 모르겠어요. 어쩌면 지금처럼 공허함에 시달리진 않았겠죠. 하지만 그땐 그걸 알지 못했어요. 내가 아닌 누군가에 의해 주입된 기준을 충실히 따랐을 뿐이에요. 그래서 아무리 채워도 만족스럽지 않았던 거예요. 그건 결코 '나'를 위한 삶이 아니었으니까요.

자신의 진정한 가치와
목표 찾기

제 지인 중 한 명인 인호의 이야기를 들려드리고 싶습니다. 인호는 어릴 때부터 그림 그리기를 좋아했습니다. 하지만 부모님의 반대로 미술 대신 경영학을 전공했고, 졸업 후엔 대기업에 입사했죠. 겉으로 보기에 그의 인생은 성공가도를 달리는 듯했습니다. 하지만 인호의 마음속엔 항상 무언가 빠져있다는 느낌이 들었습니다.

어느 날, 인호는 우연히 옛 스케치북을 발견했습니다. 그 순간 그는 자신이 얼마나 그림을 그리고 싶어 했는지를 다시 한번 깨달았죠. 고민 끝에 그는 과감한 결정을 내립니다. 안정된 직장을 그만두고 미술 공부를 시작한 것입니다. 주변에선 걱정의 목소리가 컸지만, 인호는 처음으로 진정한 행복을 느꼈다고 말합니다.

물론 그의 선택이 모든 이에게 정답은 아닙니다. 하지만 적어도 자신의 내면의 소리에 귀 기울이고, 진정한 가치를 찾아가는 노력은 누구에게나 필요합니다. 우리 삶에서 중요한 것은 남들의 기준이 아닌, 자신만의 가치와 목표를 설정하는 것이니까요.

진정한 나를 마주하는 건 생각보다 어렵습니다. 그동안 우리는 타인의 눈, 세상의 기준에 익숙해져 왔으니까요. 하지만 우리 안엔 누구도 흉내 낼 수 없는 고유한 빛깔이 숨어 있습니다. 이 여정이 즉각적인 행복으로 이어질 것이라는 보장은 없습니다. 외로움과 두려움도 맞닥뜨리게 될 거예요. 하지만 당신 인생의 주인공은 바로 당신입니다. 남의 꿈이 아닌 내 꿈을 향해, 세상 기준이 아닌 내 마음의 지도를 따라 나아간다면 그 끝에선 분명 당신만의 빛나는 삶이 기다리고 있을 것입니다.

우리가 살아가는 세상은 각자에게 다른 의미로 다가옵니다. 어떤 이는 좌절과 고통의 연속이라 여길 테고, 또 다른 이는 가능성의 놀이터라 바라볼 거예요. 그 모든 건 결국 내가 어떤 관점을 지니느냐에 달렸죠. 그러니 마음속 깊이 간직한 꿈과 희망의 씨앗을, 바로 그 세상을 바라보는 당신만의 창으로 삼으세요. 남들과는 다른, 오직 당신만의 길을 향해 힘차게 전진하는 거예요.

타인의 인정과 칭찬을 얻기 위해, 또는 유능하고 위대한 존재로 여겨지기 위해 노력했던 것을 진정한 열정으로 오해하지 맙시다. 물론 자신에게 주어진 역할과 책임을 다하는 건 중요해요. 가족의 일원으로, 사회의 구성원으로서 우리가 짊어진 무게가 있으니까요. 하지만 그 무게에 짓눌려 정작 내 삶의 주인공으로 설 기회를 놓치진 않았는지 생각해봐야 해요. 타인의 기대에 부응하는 걸 최우선으로 삼다 보면, 정작 내 안의 목소리는 점점 희미해지기 마련이거든요. 진정 내가 원하는 게 무엇인지, 내 삶의 중심에 두어야 할 가치가 무엇인지. 비로소 그 질문에 답할 때 우리는 주인공으로 우뚝 설 수 있어요.

인생의 어느 순간, 문득 "남의 기대를 충족시키느라 정작 내 삶을 살지 못했다"는 진실을 깨닫는 때가 옵니다. 하지만 그때가서 후회하지 않아도 됩니다. 중요한 건 바로 지금 이 순간부터 당신이 어떤 삶을 살아갈 것인가 하는 거니까요. 지금 이 자리에서 새로운 장을 펼쳐보세요. 타인의 결핍을 메우려 애쓰기보다 내 마음을 가득 채우는 시간을 오늘부터 갖기 시작해요.

내 인생의 CEO 되기: 퍼스널 브랜딩 프로젝트

당신은 '인생'이라는 프로젝트의 총책임자입니다. 타인의 공허를 채우는 데 에너지를 소진하기보다는, 자신만의 고유한 빛을 발하는 데 집중하세요.

실천 방법: "퍼스널 브랜딩 워크샵"

1. 준비물: 노트북 또는 태블릿, 프레젠테이션 소프트웨어
2. 실천 단계:
    a) 새 프레젠테이션을 만들고 제목을 "(당신의 이름) 브랜드 리뉴얼"로 정합니다.
    b) 다음 슬라이드들을 만들어 작성합니다.
      - 미션 스테이트먼트: 당신의 삶의 목적은 무엇인가?
      - 핵심 가치: 당신에게 가장 중요한 가치 3~5가지는?
      - SWOT 분석: 당신의 강점, 약점, 기회, 위협 요소는?
      - 타깃 오디언스: 당신의 능력을 필요로 하는 사람들은 누구인가?
      - 유니크 셀링 포인트: 당신만의 특별한 강점은 무엇인가?
      - 5년 후의 모습: 당신의 이상적인 미래의 모습은?
    c) 완성된 프레젠테이션을 자신에게 실제로 발표합니다.
3. 활용:
    - 주요 결정을 내릴 때 이 가이드라인을 참고합니다.
    - 분기에 한 번씩 '브랜드 성과'를 평가하고 개선합니다.

5
'정답은 없다'라는
결론이 주는 공허

내담자들은 종종 이런 물음을 던지곤 해요. "인생에 정답 같은 건 없는 걸까요? 누군가 확실한 해답을 줄 순 없나요? 지금의 선택이 옳은 걸까요? 앞으로 어떤 길을 가야 할까요? 부모님 뜻대로 살아야 할까요, 아니면 제 뜻을 따라야 할까요? 심리학에서 말하는 삶의 정답은 대체 뭘까요?"

세상에 대한 이해가 깊어질수록 우리는 오히려 삶의 불확실성을 더 강하게 인식하게 됩니다. 그러면서 내가 가진 답이 결코 완벽할 수 없다는 사실에 눈을 뜨게 되죠. 한때 나를 지탱해주던 믿음들이 흔들리면서, 불안과 공허함이 찾아오는 것은 자연스러운 과정입니다.

삶의 불확실성
수용하기

우리는 종종 삶의 불확실성 앞에서 두려움을 느낍니다. 내가 가는 이 길이 옳은 걸까? 선택이 최선이었을까? 이런 물음들은 끝없이 우리를 괴롭히죠. 삶의 불안을 잠재울 만병통치약 같은 답을 찾습니다.

하지만 아무리 노력해도 그런 답을 찾긴 어려워요. 세상은 늘 변화무쌍하고, 예측 불가능하니까요. 철학서나 사주, 심지어 종교도 우리에게 명쾌한 해답을 주지 못합니다. 그저 삶을 바라보는 관점과 실마리를 제공할 뿐이죠.

심리상담 또한 이러한 한계에서 자유롭지 않습니다. 상담은 정답을 알려주기보다, 내담자 스스로 자신만의 길을 찾도록 돕는 과정이기 때문입니다.

인생에 절대적 정답이 없다는 사실을 수용하는 것이 바로 정신적 성숙의 핵심 요소입니다. 정답은 미리 정해져 있는 것이 아니라, 우리의 선택과 노력을 통해 창조되는 것입니다.

물론 이 깨달음이 공허함으로 다가올 수 있어요. 하지만 역설적이게도 이때 우리는 자유를 얻습니다. 쉬운 답에 사로잡히지 않고, 때론 실수를 감수하면서도 앞으로 나아갈 용기를 주니까요. 그렇게 조금씩 성장하는 과정 자체가 우리 삶의 의미가 되는 거예요.

자신만의 답을 만들어가는
과정의 중요성

마크 트웨인은 이렇게 말했죠. "우리가 곤경에 빠지는 건, 자신이 무언가를 확실히 안다고 착각하기 때문이다." 어설픈 지식에서 나오는 자만심이 되레 우리를 옥죄는 거예요. 인생이란 늘 불확실성의 연속임에도, 때론 우리는 모든 것을 안다는 듯이 굴곤 하잖아요. 그런 교만이 결국 스스로를 궁지로 몰아넣습니다. 우리가 알고 있는 게 절대적 진리가 아니란 사실을 겸허히 인정하는 순간, 비로소 불안과 두려움에서 자유로워질 수 있어요.

우리는 가끔 이런 말을 해요. "지금 난 잘 살고 있는 걸까?" 이 질문의 답을 찾으려 애쓰지만, 누구도 명쾌한 해답을 주진 못합니다. 그저 자신만의 기준으로 '잘 살고 있음'을 정의내리는 수밖에 없죠. 나에게 중요한 가치를 얼마나 충실히 따르며 살아가고 있나, 그것이 잘 사는 삶의 척도가 될 수 있겠지요.

물론 이 기준은 불변하지 않아요. 개인의 가치관도 끊임없이 변화하고 성장하니까요. 중요한 건 변화를 두려워하지 않는 자세예요. 내가 선택한 길이 곧 정답이 될 수 있다는 믿음 말이죠. 설사 그 선택이 실패로 끝난다 하더라도, 그 과정에서의 경험이 미래 성장의 밑거름이 될 것입니다.

가끔은 길을 잃을 때도 있겠죠. 하지만 그 순간조차 소중히 여기세요. 당신만의 답을 향해 나아가는 특별한 여정이니까요. 공허함을 온전히 털어낼 순 없을 거예요. 하지만 당신의 삶은 결코 헛되지 않아요. 끊임없는 질문과 모색의 연속이겠지만, 그 자체로 아름답고 의미 있는 여정이에요. 오늘의 선택이 내일의 당신을 빚어갈 테니까요. 너무 앞만 보지 말고 지금 이 순간을 온전히 느껴보세요. 당신이 서 있는 바로 그곳이 정답임을 믿으며 말이에요.

어떤 길이 옳은 건지, 지금의 선택이 최선인지, 미래를 위해 무엇을 준비해야 할지. 이런 생각들은 끊임없이 우리를 불안하게 만들죠. 머릿속이 복잡해질수록 고민과 걱정은 마치 바람 넣은 풍선처럼 점점 부풀어 오르고, 우리의 기운을 빨아들이는 에너지 흡혈귀가 되어버려요. 그런데 사실 정답이 없다는 걸 인정한다면, 지금 선택한 그 무엇이든 의미 있는 답이 될 수 있어요. 중요한 건 계속 앞으로 나아가려는 용기와 변화에의 도전이에요. 걱정으로 시간을 낭비하기보다는 행동으로 옮기는 실천이 필요한 거죠.

앞날에 대한 불안함보다는 지금 이 순간의 충만함에 집중하는 삶을 살아가시길 바랍니다. 그 선택이 완벽한 해답으로 가는 최단경로는 아닐지라도, 분명 값진 성장과 깨달음의 기회가 되어줄 테니까요. 때로는 방황도 있겠지만 그 모든 순간이 소중한 경험이 될 거라 믿습니다.

불안과 하이파이브!
인생 실험실 프로젝트

우리에게 필요한 것은 불확실성을 받아들이고, 자신만의 답을 만들어가는 과정입니다. 오늘은 이를 위한 특별한 방법을 소개해드리겠습니다.

실천 방법: "인생 실험실 프로젝트"

1. 현재 고민 중인 삶의 중요한 선택이나 결정을 하나 선정합니다.
2. 이 선택에 대해 3~5가지 다른 시나리오를 작성합니다.

   각 시나리오별로 다음 사항을 작성합니다:
   - 예상되는 긍정적 결과
   - 예상되는 부정적 결과
   - 이 선택을 했을 때의 1년 후, 5년 후 모습
3. 각 시나리오를 2주간 '실험'해봅니다. 마치 그 선택을 했다고 가정하고 살아보는 것입니다.
4. 2주 후, 각 실험에 대한 소감과 깨달음을 기록합니다.
5. 모든 실험이 끝난 후, 자신에게 가장 적합한 선택을 결정합니다.

이 프로젝트를 통해 다양한 가능성을 탐색하고, 불확실성을 두려워하지 않고, 오히려 그것을 창조적 기회로 활용하는 법을 배웁니다. 이 과정에서 당신은 자신만의 고유한 답을 찾아가는 주인공이 될 것입니다.

6
채워지지 않는
공허와 친구되기

중년에 접어들면서 우리는 성취욕보다 내면의 공허함을 더 강하게 인식하게 됩니다. 늘어난 지출, 다가오는 노년, 끝없는 경쟁과 육아의 압박. 이런 것들을 하나하나 해결해나가면 언젠가는 불안하지 않는 삶을 살 줄 알았지만, 되려 삶의 곳곳에 빈 공간이 더욱 커져 갑니다.

공허감을 삶의 일부로
받아들이기

우리는 종종 인생의 어느 순간 깊은 공허감에 휩싸이곤 합니다. 꿈꾸던 목표를 이뤘는데도, 여전히 마음 한구석이 허전할 때가 있죠. 또 겉보기엔 충만해 보이는 삶 속에서도 말 못할 우울과 공허함에 시달리기도 하고요.

은아는 육아와 직장 생활을 병행하는 힘든 시기를 거쳐, 자녀의 성장과 함께 직장에서의 인정도 얻게 되었습니다. 남편역시 나름대로 역할을 다하고 있죠. 겉으로는 누구나 부러워할 만한 삶이지만, 은아의 내면은 깊은 우울과 공허감으로 가득 차 있었어요. 주위에서 그를 우러러보며 칭찬을 아끼지 않지만, 그녀는 속으로 이런 말을 합니다. '내 마음이 얼마나 허전하고 불안한지, 당신들은 모를 거야.'

사실 우리는 누군가가 원하는 정답들을 좇으며 살아가곤해요. 좋은 학벌, 안정적인 직장, 화목한 가정. 그런 것들이 행복의 전부인 양 착각하죠. 그래서 하나둘 채워가며 만족을 느낄 줄 알았어요. 하지만 채우면 채울수록 오히려 빈 구멍이 커지는 듯한 느낌도 경험해 보셨을 거예요.

자, 그렇다면 우리는 어떻게 해야 할까요? 끝없이 채움의굴레에 빠져 살아야 할까요? 그렇지 않습니다. 우리에겐 공허감을 삶의 일부로 받아들일 지혜가 필요합니다.

먼저 깨달아야 할 건, 공허함이 나만의 문제가 아니란 사실이에요. 인간이라면 누구나 마음속 빈 공간을 안고 살아가요.그걸 인정하는 것에서부터 공허와 화해가 시작되는 거죠.

우리는 공허를 극복해야 할 적으로 여기곤 해요. 하지만 사실 그 공허야말로 우리를 움직이게 하는 원동력입니다. 불안과 부족함이 우리를 끊임없이 앞으로 나아가게 하니까요. 물론 그 과정이 순탄치만은 않겠지만, 그럴 때마다 우리는 한 뼘 더 성장하게 돼요.

공허는 우리 삶의 필연적 부분이에요. 그것과 친구가 되는 법을 배워야 해요. 온전히 받아들일 순 없어도, 적어도 그 존재를 인정하고 받아들이는 연습부터 해보는 것입니다. "그래, 너도 내 삶의 하나구나. 함께 가보자." 그렇게 공허에 말을 건네 보는 건 어떨까요?

진정 우리 마음을 채워주는 건, 결국 스스로에 대한 긍정과 주변의 사랑입니다. 자신을 있는 그대로 품어 안고, 곁을 든든히 지켜주는 사람들에게 마음을 열 때, 비로소 우리는 인생 여정에서 충만함을 맛볼 수 있습니다.

건강한 최적주의자로 살아가기

심리학자 탈벤 샤하르는 '완벽주의자'와 '최적주의자'를 이렇게 구분했습니다. 완벽주의자들은 성취를 통해 자신의 존재 가치를 증명하려 애씁니다. 그들에겐 한계란 있을 수 없어

요. 끊임없이 자신을 채워가지만, 그 과정에서 채우지 못한 부분에 대한 불안과 두려움이 자리 잡습니다. 이런 심리적 불안정은 오히려 그들의 성장을 가로막는 걸림돌이 됩니다.

반면 최적주의자들은 내면의 충만함을 추구합니다. 때로는 한계를 인정하고 실패를 겪기도 하지만, 그 모든 과정을 삶의 성장통으로 받아들이죠. 그들에겐 굳이 모든 걸 완벽히 해내야 한다는 강박이 없습니다. 대신 지금 이 순간 최선을 다하는 태도로 매 순간을 가치 있게 만들어갑니다. 그렇기에 이들은 진정한 행복을 향해 나아갈 수 있습니다.

즉, 완벽주의자들은 끊임없이 자신을 채우려 집착하지만, 오히려 만족을 모릅니다. 반면 최적주의자들은 한계를 인정하고 현실적인 목표를 추구하면서도 행복할 줄 압니다.

저 역시 한때는 완벽함에 사로잡혀 지냈습니다. 하지만 어느 순간 깨달았습니다. 내가 아무리 발버둥 쳐도, 인생의 모든 구멍을 메울 순 없다는 것을요. 그래서 조금씩 방향을 바꿨습니다. 할 수 있는 만큼, 주어진 여건 안에서 최선을 다하자고 마음먹은 것입니다. 못다 한 일은 서운해하기보단 넉넉히 안아주고, 실수는 자책하기보단 배움의 기회로 삼으려 했습니다. 그렇게 저만의 최적점을 찾아갈 때, 삶이 한결 가벼워지는 걸 느꼈습니다.

공허함은 우리 삶의 영원한 과제와 같습니다. 하지만 그 숙제를 풀어가는 과정 자체가 삶이라는 것을 잊지 않았으면 합니다. 모자람을 온전히 껴안는 용기, 그것이 우리를 더 단단하고 아름답게 만들어줄 테니까요. 완벽한 삶이란 없습니다. 사실 그 불완전함이야말로 우리 인생의 가장 큰 선물입니다. 채워나가는 과정 속에서 우리는 성장하고, 또 성장하니까요.

여러분이 느끼는 공허함 역시 그 자체로 의미가 있다는 점을 기억하세요. 그 허전함이 있기에 우리는 끊임없이 앞으로 나아가는 것일지도 모릅니다.

우리에겐 자신만의 속도가 있습니다. 세상의 기준에 초조해하지 말고, 내면의 리듬을 따라가는 삶. 그것이 진정 우리가 바라는 모습 아닐까요? 때론 넘어질지라도, 차분히 내딛는 그 한걸음 한걸음이 우리를 곧 건강한 최적주의자로 이끌어줄 것입니다. 불안한 내일보다는 충만한 오늘을 살아가는 여러분을 응원하겠습니다.

불안과 하이파이브!

내면의 빈 공간 지도를 그려보세요

우리는 종종 삶의 공허함을 채우려 애쓰지만, 오히려 그 과정에서 더 큰 불안을 느끼곤 합니다. 오늘은 이 공허함을 친구로 받아들이고, 그것과 함께 살아가는 방법에 대해 이야기해보겠습니다.

실천 방법: "내면의 빈 공간 지도 그리기"

1. 실천 단계

   a) 종이 중앙에 자신을 상징하는 원을 그립니다.

   b) 그 주변에 현재 느끼는 공허함을 작은 원 여러 개로 표현합니다.

   c) 각 공허의 원에 이름을 붙입니다. (예: 직업적 성취의 공허, 관계의 공허 등)

   d) 각 공허에 대해 다음 질문에 답합니다:

   - 이 공허함은 언제부터 느꼈는가?
   - 이 공허함이 나에게 주는 메시지는 무엇일까?
   - 이 공허함으로 나는 무엇을 배우는가?

   e) 각 공허의 원 주변에 그 공허를 채우려고 했던 시도들을 적어봅니다.

   f) 마지막으로, 각 공허와 '대화'를 나눠봅니다. "안녕, 너는 내게 무엇을 말하고 싶니?"

2. 활용

   - 이 지도를 주기적으로(예: 월 1회) 업데이트하며 자신의 내면 변화를 관찰합니다.

- 공허함을 극복해야 할 대상이 아닌, 자신을 이해하는 도구로 바라봅니다.
- 완벽한 채움을 추구하기보다, 공허와 함께 살아가는 방법을 모색합니다.

이 활동을 통해 우리는 공허함을 더 이상 두려운 대상이 아닌, 자기 이해의 도구로 활용할 수 있습니다. 공허함을 억지로 채우려 하기보다는, 그것과 대화를 나누고 함께 살아가는 법을 배워보세요.

7
행복의 진정한
의미 찾기

구부정한 어깨, 늘어진 자세, 생기 잃은 눈빛. 늦은 밤 사무실에서 불을 끄고 터덜터덜 집으로 향하는 한 남자의 뒷모습이 보입니다. 현관문을 열자 아내가 반갑게 맞아주지만, 그의 마음은 이미 텅 빈 듯합니다. 하루가 또 이렇게 지나갑니다.

바쁜 아침, 점심 도시락을 싸고 아이들 학교 갈 준비를 하느라 분주한 아내. 퇴근 후에도 끝없는 집안일과 자녀 교육에 매달리다 보면 깊은 한숨과 함께 하루가 저물어 갑니다. 맥주 한 잔으로 피로를 달래는 것이 유일한 위안입니다.

매일의 반복되는 일상에 지쳐가면서, 우리는 종종 "이게 정말 내가 원하던 삶인가?"라는 의문을 품습니다.

중년의 과제:
무엇이 진짜 중요한가?

20대엔 내 한 몸 즐기며 살던 시절도 있었습니다. 하지만 이제는 해야 할 일, 감당해야 할 책임이 너무나 많습니다. 문득 "도대체 무엇을 위해 이렇게 살아야 하는 걸까?"라는 질문이 떠오릅니다. 가족의 행복을 위해 산다고 하지만, 어느새 직장과 돈이 삶의 목적이 되어버린 듯합니다.

겉보기엔 안정적인 가정을 꾸리고 자녀들을 잘 키우고 있는 것 같지만, 어딘가 공허하고 불안합니다. 진정으로 소중한 가치는 잃어버린 채 표류하는 기분입니다.

한 중년 남성은 저에게 이렇게 토로했습니다. "매일 야근에 시달리느라 아이들 얼굴도 제대로 못 봐요. 가족과 함께 시간을 보내는 게 무엇보다 중요한데, 이러다 정작 소중한 걸 잃을까 봐 두려워요. 이런 제 모습이 한심하고 불안하네요."

우리는 무의식중에 시간과 돈이라는 두 가지 기준으로만 삶의 가치를 평가하게 되었습니다. 물질적 풍요를 쫓느라 정작 삶의 본질적 의미는 잃어버린 채 표류하고 있는지도 모릅니다. 수단과 목적이 전도된 세상에서, 우리는 깊은 혼란과 불안을 느낄 수밖에 없습니다.

대학 진학, 직장생활, 부의 축적… 이 모든 것은 어디까지나 행복이라는 목적을 위한 수단일 뿐입니다. 하지만 어느새 이런 도구들이 삶의 전부가 되어버렸습니다. 수단에 지나치게 얽매이다 보면 정작 중요한 가치를 잃어버릴 수 있습니다. 불안감에 휩싸이는 이유도 바로 여기에 있습니다.

균형 잡힌 선택과 용기

'내가 진정 바라는 삶의 모습은 무엇이었나?' 지친 일상에 찌들려 있을 때면 문득 자문해봅니다. 화려한 경력이나 풍부한 재산보다는, 자녀들의 건강한 성장과 배우자와의 행복한 가정, 가족들에게 따뜻한 아빠, 엄마, 남편, 아내로 기억되는 삶. 그것이 진정 우리가 꿈꾸던 행복의 모습 아니었을까요?

하지만 생계에 허덕이다 보면 어느새 수단과 목적이 뒤바뀌고 맙니다. 야근과 알바에 시달리느라 가족들과 함께할 시간은 점점 사라지고, 애써 쌓아온 우정마저 어느 순간 멀어져 갑니다. 모두 가족을 위한 것이라 위로하지만, 정작 소중한 것들은 내 곁을 떠나고 있는지도 모릅니다.

45세 가장인 한 분은 이렇게 말씀하셨습니다. "승진을 위해 야근도 마다하지 않았어요. 아이들 운동회도 못 가고, 아내와 데이트도 포기했죠. 기어이 꿈을 이뤘지만 집에선 남보다 못한 가장일 뿐이에요. 뭐가 그리 중요했나 싶습니다."

인생의 후반전을 맞은 우리에겐 무엇보다 '선택과 집중'이 필요합니다. 가치관의 혼란을 겪는 시기일수록 목적과 수단을 명확히 구별하고, 상황에 적합한 선택을 내려야 합니다. 선택에는 항상 얻는 것과 잃는 것이 존재하기에 얻는 것에만 당당한 것이 아닌, 잃는 것에도 당당해야 합니다. 이러한 용기가 목적과 수단의 균형을 만듭니다.

모든 것의 균형을 잡는 일. 그것이 중년에 맞은 우리의 가장 큰 숙제가 아닐까요? 꼭 5:5의 비율로 나눌 필요는 없습니다. 상황에 따라 7:3일 수도, 2:8일 수도 있습니다. 정답은 없습니다. 다만 수단에 지나치게 얽매여 목적을 잃어버리지 않도록, 삶의 중심을 잡는 지혜가 필요합니다.

새로운 선택을 하는 순간, 주위의 따가운 시선에 움츠러들 수 있습니다. 하지만 모래성처럼 무너질 삶이 아닌, 단단한 기반 위에 서기 위해서는 그 어려움을 견뎌내야 합니다.

저에게 3개월간의 직장 휴직은 자기 성찰과 삶의 균형을 위한 용기 있는 선택이었습니다. 동료들로부터 부럽다는 말을 자주 들었죠. 그때마다 저는 이렇게 말했습니다. "제도가 있으니 누구나 선택할 수 있습니다. 문제는 그걸 선택할 용기가 있느냐죠." 그 3개월 동안, 저는 과거와 현재를 돌아보고 미래를 준비하는 청사진을 그렸습니다. 이 경험은 제 삶에 새로운 균형과 방향성을 가져다주었습니다.

　때로는 고통스러운 선택의 순간이 찾아올 수 있습니다. 그럴 때마다 우리가 지켜야 할 가장 소중한 것을 떠올리세요. 자신과 가족의 행복이라는 흔들리지 않는 가치, 그것이야말로 우리가 오늘을 살아내는 이유입니다.

　지금 이 순간, 당신이 가장 원하는 것은 무엇인가요? 진정 행복했던 기억을 떠올려보세요. 피상적인 성취감이 아닌, 마음 깊이 느끼는 평온함, 사랑하는 사람들과 함께 있을 때 느끼는 충만감. 어쩌면 우리는 이미 답을 알고 있는지도 모릅니다.

　수단과 목적 사이에서 길을 잃었다면, 잠시 발걸음을 멈추고 내면의 목소리에 귀 기울여보세요. 오늘도 수많은 선택의 기로에 서 있을 여러분께 묻습니다. "무엇이 당신을 행복하게 하나요?" 그 질문에 대한 대답을 찾는 과정이, 곧 우리 인생의 진정한 의미를 만나는 시간입니다.

반갑다, 불안!
일일 가치 실천하기

현대 사회에서 우리는 종종 진정한 삶의 목적을 잃고 수단에만 집중하게 됩니다. 이는 깊은 불안과 공허함의 원인이 됩니다. 이러한 불균형에서 벗어나 진정한 행복을 찾는 간단하지만 효과적인 방법을 소개하겠습니다.

실천 방법: "일일 가치 실천하기"
매일 저녁, 잠들기 전 5~10분 동안 다음 활동을 해보세요.

1. 오늘 하루 동안 당신이 가장 중요하게 여기는 가치(예: 가족, 건강, 자아실현 등)를 실천한 순간을 떠올려봅니다.
2. 그 순간을 구체적으로 기록합니다. 무엇을 했는지, 어떤 감정을 느꼈는지 자세히 적어보세요.
3. 만약 그런 순간이 없었다면, 내일은 어떻게 그 가치를 실천할 수 있을지 간단히 계획해봅니다.

이 간단한 활동을 꾸준히 실천하면, 자연스럽게 당신의 삶이 진정한 가치와 목적에 더 가까워질 것입니다. 수단과 목적의 균형을 찾아가며, 점차 더 깊은 만족감과 행복을 경험하게 됩니다. 당신의 행복한 변화를 응원합니다.

PART. 4

이해하면 내 편이 되는 불안

미래에 대한 막연한 불안감은 누구에게나 있습니다. 불안을 조금이라도 우리 편으로 만들려면 먼저 그 실체와 본질을 이해해야 합니다. 불안은 생존을 위해, 우리 자신에게서 비롯된다는 점을 인정하는 것이 중요합니다.

　우리의 불안에는 다양한 원인이 있습니다. 자신을 바라보는 시선, 세상을 판단하는 기준, 삶의 방식에 대한 고민 등이 그 예죠. 이런 경험들이 모여 우리를 불안하게 만듭니다.

　개인마다 불안을 경험하는 방식을 인지하는 것이 중요합니다. 저는 주로 불안할 경우 입이 건조해지고, 뒷목이 뻣뻣해집니다. 이런 신체 반응을 알아차릴 수 있다면 불안이 찾아왔다는 것을 인식할 수 있고, 미리 대비할 수 있습니다. 또한 어떤 상황에서 특히 불안해지는지, 그때 어떤 생각이 드는지 관찰해보세요.

　저는 해야 할 일이 한꺼번에 몰릴 때 불안감을 많이 느끼는 편입니다. 무언가 처리되지 않고 남아 있는 것들을 무척 싫어하기 때문에 빠르게 끝내버리고 싶은 욕구 때문입니다.

결국 불안을 이해한다는 것은 우리의 생각, 감정 그리고 행동 패턴을 깊이 들여다보는 과정입니다. 이는 단순히 불안을 없애는 게 아니라, 그것과 함께 살아가는 법을 배우는 여정입니다.

여러분도 각자의 불안을 들여다보고 이해하는 시간을 가져보세요. 이는 자신을 더 강하고 균형 잡힌 사람으로 만들어줍니다. 불안과 함께, 하지만 불안에 휘둘리지 않고 살아가는 법을 익히는 것. 그것이 우리가 목표로 해야 할 바입니다.

1

불안이라는
시스템

      우리는 일상에서 마주하는 다양한 상황을 자신만의 가치관과 신념체계를 통해 해석하고 판단하며, 이는 적절한 감정 반응으로 이어집니다. 따라서 불안이라는 감정을 깊이 이해하기 위해서는 자신의 삶의 가치와 신념에 대해 면밀히 살펴볼 필요가 있습니다. 아울러 불안에 어떻게 반응하고 있는지, 그로 인해 나타나는 감정적, 신체적 변화에도 민감하게 귀 기울여야 합니다.

  불안은 단순한 부정적 감정을 넘어서는 복잡한 심리 현상입니다. 오히려 그것은 우리 삶을 지배하는 고정관념과 비합리적 사고에 귀 기울이게 만드는 신호탄과도 같습니다.

ABC 모델:
사건, 신념, 결과의 연결고리

어느 날, 저는 가족의 급한 일로 인해 이른 아침 고속도로를 달리던 중이었습니다. 그런데 갑자기 방향지시등도 켜지 않은 채 무리하게 끼어드는 차량을 발견하고 급제동을 해야 했죠. 그 순간, 저의 머릿속에는 '생명의 위협', '원활한 이동의 방해'와 같은 부정적인 신념들이 활성화되기 시작했습니다. 이러한 인지적 반응은 곧바로 분노라는 정서를 불러일으켰고, 심박수 상승, 식은땀, 근육 경직 등의 신체 반응을 동반했습니다. 저는 거친 욕설과 함께 경적을 울렸고, 상대 차량을 추격하기 시작했죠. 하지만 얼마 후, 운전자가 노인이란 걸 확인한 순간 위협 수준을 낮추고 분노를 이해로 대신할 수 있었습니다.

이렇게 어떤 사건으로 형성된 인지적 평가는 우리의 정서, 신체, 행동 반응을 이끌어내는데, 이는 앨버트 엘리스Albert Ellis의 '인지행동주의' 이론 중 ABC 모델로 잘 설명될 수 있습니다. 이 모델에 따르면, 우리가 경험하는 일상의 사건(A)은 개인 내면의 신념체계와 가치기준(B)에 의해 해석되고 평가됩니다. 그리고 이러한 인지적 과정을 거쳐 형성된 해석과 평가는 결과적으로 정서적, 신체적, 행동적 반응(C)을 이끌어냅니다. 즉, 우리가 마주한 상황은 그에 대한 우리의 믿음과 판단 기준에 따라 받아들여지고 이해되며, 그 결과물이 감정과 반응으로 드러납니다.

하지만 때로는 그 반응의 강도가 상황에 비해 과도할 때가 있습니다. 그럴 때는 감정 자체를 문제 삼기보다 그 근원이 되는 사고와 가치관을 점검해볼 필요가 있습니다. 만약 그 과정에서 인지적 오류나 비합리적 신념을 발견한다면 용기를 내어 수정해나가는 과정에서 심리적 성장이 일어납니다. 그러지 않으면 부적절한 감정 표출로 인해 지속적인 불안을 경험하게 될 수 있습니다.

불안의 인지-정서-행동 반응
이해하기

만약 우리가 불안으로 인해 일상의 기능이 현저히 떨어지는 문제들을 경험하고 있다면, 불안의 근원이 되는 우리의 가치관과 사고방식을 면밀히 살펴볼 필요가 있습니다. 내가 원하고, 바라고, 판단하는 것들이 과연 합리적이고 건설적인 것인지 꼼꼼히 따져보아야 합니다.

강렬한 감정 상태에서 자신의 신념체계를 객관적으로 분석하는 것은 상당히 어려운 과제입니다. 대부분은 감정적 폭발이 지나간 후에야 행동을 되돌아보고 후회하곤 합니다. 하지만 이런 경험을 반복해서 떠올리며 사건, 신념, 정서, 신체, 행동 간의 연결고리를 이해하려 노력한다면, 점차 인지적 오류를 발견하고 이를 수정해나갈 수 있을 것입니다.

어느 날, 회사에서 상사로부터 날카로운 질책을 받은 30대 직장인 A는 내내 마음이 편치 않았습니다. 퇴근길 지하철에서도 근심 어린 표정으로 감정을 추스르지 못했죠. 그러던 중 우연히 손잡이를 잡으려던 A의 손등이 옆자리 승객의 팔뚝에 스쳤습니다. 그 순간 옆자리의 중년 남성은 큰 소리로 항의했고, A는 순간 강한 수치심과 모멸감 그리고 억울함이 뒤섞여 얼굴이 화끈 달아올랐습니다. 그러고는 애써 고개를 숙이며 작은 목소리로 연신 사과했죠. A는 자신도 모르게 '나는 쓸모없는 인간이야, 아무도 날 존중해주지 않아'와 같은 부정적 신념에 사로잡혀 과도한 수치심과 위축감을 느꼈습니다.

A처럼 일상의 크고 작은 사건 속에서 불안감에 휩싸이는 순간들을 떠올려보세요. 그 순간의 사고, 감정, 신체 반응을 상세히 기록해보는 것이 도움이 될 수 있습니다. 어쩌면 그동안 무의식적으로 받아들여왔던, 오래된 부적절한 신념이 발견될지도 모르겠네요. 그 순간을 객관적으로 들여다보는 일이 쉽지는 않겠지만, 차분히 자신과 대화를 나누며 연습한다면 분명 변화

의 기회를 맞이할 수 있을 것입니다.

불안을 통해 우리는 그동안 의심 없이 받아들여 온 자신만의 세계관을 재점검하고, 내면의 성장을 도모할 수 있게 됩니다. 불안을 '극복'의 대상으로 여기기보다는 나를 깨우는 '이정표'로 바라본다면, 우리는 조금씩 용기를 얻어 새로운 도전을 즐길 수 있게 될 것입니다.

불안이 가진 힘을 믿으십시오. 비록 그것이 불편하고 원치 않는 감정일지라도, 우리에게 던지는 물음에 귀 기울여보세요. 내면의 갈등을 해소하는 핵심적인 단서가 될 수 있습니다.

"생각보다 과하게 화가 날 때, 이런 나를 어떻게 이해해야 하지?"

과도한 분노는 우리 내면의 중요한 신호입니다. 이를 이해하고 관리하는 방법을 알려드리겠습니다.

> 1. 잠깐! 화가 난 상황을 영화처럼 멈춰보세요.
> 2. 그리고 차분하게 물어보세요. "내 속에서 뭐가 이렇게 반응하는 거지?"
> 3. 어쩌면 과거의 상처 혹은 내 안의 욕구일 수 있어요.
> 4. 이렇게 발견한 내면의 가치나 욕구를 인정하고 수용하세요.
> 5. 분노를 통해 얻은 자기 이해는 정서 조절과 개인의 성장으로 이어집니다.

이 과정을 통해 분노는 자기 탐색의 도구가 되며, 더 깊은 자아 인식으로 나아가는 길이 됩니다.

2
불안의 근원인
나는 누구?

불안은 상대적입니다. 인간은 공통적으로 불안을 경험하지만, 각자의 삶의 경험과 환경, 부모의 양육방식, 학습 과정 등에 따라 양상과 강도는 개인마다 다르게 나타납니다. 그래서 어떤 이에게는 별것 아닌 일이 누군가에게는 큰 고통이 됩니다.

예를 들어, 어떤 사람은 손을 씻지 않아도 불편함을 느끼지 않고, 문을 잠그지 않은 채 외출해도 크게 문제가 안 됩니다. 반면, 강박장애를 겪는 이들은 손이 균에 감염되어 죽을지도 모른다는 불안과 두려움에 사로잡혀 끊임없이 손을 씻고, 누군가 침입할 것 같은 공포감에 문을 반복해서 잠그고 확인하곤 합니다.

자기 이해를 위한
끊임없는 질문하기

이처럼 불안은 객관적 상황보다 개인의 인지적 해석에 더 크게 영향받습니다. 따라서 불안을 이해하고 다루기 위해서는 현상의 표면에 머무르기보다 그에 반응하는 나 자신에 주목해야 합니다. 왜 내가 특정 상황을 두려워하는지, 그 기저에는 어떤 신념과 경험이 자리 잡고 있는지, 지금의 불안 수준이 적절한 것인지 등 불안의 근원을 파헤치는 작업이 우선되어야 합니다.

이를 위해서는 자신에 대한 끊임없는 호기심과 질문이 필요합니다. 내가 좋아하고 싫어하는 것은 무엇인지, 가장 소중히 여기는 가치관은 무엇인지, 부모님은 어떤 삶의 기준을 가지고 계셨는지, 내가 자란 환경은 어떠했는지, 주변에는 어떤 친구들이 있었고 그들을 어떻게 평가했는지, 인생에서 가장 충격적이었던 사건은 무엇인지, 지금 이 순간 나는 행복한지 등 스스로에게 물음을 던지는 과정이 반복되어야 합니다.

최근 가족 여행 중 딸과 나누었던 어린 시절 불안 경험에 대한 대화가 기억에 남습니다. "만약 그때 조금만 더 불안과 두려움에 머무르지 않았더라면"이라는 말로 시작된 그 대화가 아직도 생생합니다.

제 학창 시절의 불안을 되돌아보면, 부정적인 면도 있었지만 동시에 자기 인식, 이해, 성찰의 토대가 되었다고 생각합니다. 이를 통해 나를 인식하고, 삶의 기준을 세우며, 목적과 방향을 정립할 수 있었습니다. 이런 자기 탐색 과정이 불안을 새로운 시각으로 바라보게 하는 계기가 되었습니다.

나를 이해하는 시간과
공간 확보하기

얼마 전, 한 내담자 분이 저에게 이런 이야기를 들려주셨습니다. 회사에서 중요한 역할을 맡게 되자 마음속에 불안감이 점점 커져만 갔다고 합니다. 처음에는 그저 '누구나 겪는 스트레스일 뿐'이라고 치부했다고 하네요. 하지만 밤잠을 설칠 정도로 불안이 심해지자, 자신을 돌아보기 시작했답니다. '왜 이일이 나를 이렇게 불안하게 만드는 걸까? 내가 실수하거나 완벽하지 않으면 안 된다는 생각 때문일까? 어렸을 때부터 부모님이 성공만 강조하셨던 게 영향을 미쳤나?' 이런 식으로 말이죠. 그렇게 자문하고 내면을 탐색하는 시간을 꾸준히 가지면서, 불안을 바라보는 자신의 시선이 달라졌다는 겁니다.

또 다른 분은 자신만의 일기 쓰기 루틴을 만들었다고 합니다. 매일 저녁 30분씩 방해받지 않는 공간에서 오롯이 자신과 만나는 시간을 가졌습니다. 특별히 정해진 주제는 없었답니다. 그날그날 느꼈던 감정, 떠오른 생각, 과거의 기억 등을 자유롭게 써내려갔죠. 처음에는 어색하고 힘들었지만 몇 달 후에는 놀라운 변화를 경험했다고 합니다. 내면에 묻어두었던 상처와 아픔, 그리고 그로 인해 형성된 비합리적 신념과 마주하게 된 것입니다. 자기 이해의 시간은 불안의 실체와 마주하고 새로운 시각을 얻게 해주었습니다.

이렇듯 불안의 근원을 찾는 여정은 일상 속에서 꾸준히 실천되어야 합니다. 매일, 매주, 매달 나를 성찰하고 이해할 수 있는 시간과 공간을 확보하는 것이 중요합니다. 그것이 일기일 수도, 명상이나 산책일 수도 있습니다. 또는 마음속으로 떠오르는 생각을 정리하는 것일 수도 있습니다. 형식보다는 자기 질문의 과정이 삶의 일부로 자리 잡는 게 핵심입니다.

규칙적인 시간 확보가 이상적이지만, 유연한 접근도 가능합니다. 다만 나에 대한 궁금증이 밀려올 때마다 언제든 찾아갈 수 있는 나만의 아지트 같은 공간이 있으면 도움이 됩니다. 그래서 자기 이해의 과정에는 구체적인 계획이 필요합니다. 막연히 '때가 되면 해야지' 하다 보면 결국 실천하기 어렵습니다. 하지만 "매주 금요일 저녁 7시, 집 근처 조용한 카페에서 30분 동안 일기 쓰기"와 같이 구체적인 계획을 세운다면 습관으로 정착하기가 수월합니다.

일주일이나 한 달 중 가장 여유로운 시간대를 정해보세요. 나를 위해 투자할 수 있는 최적의 시간을 말이죠. 또 불현듯 스쳐가는 생각이나 질문을 잊어버리지 않도록 메모하는 습관도 기른다면 내면을 들여다보는 일이 한층 더 깊어집니다. 한적한 서점, 북적거리는 광장, 아니면 자기만의 서재 등 어디에서든 좋습니다. 중요한 건 자신에게 가장 집중할 수 있고 영감을 주는 공간을 확보하는 것입니다.

이렇게 자기 이해의 시간과 장소를 일상에 안착시키고, 그 안에서 다양한 방식으로 생각을 정리해보세요. 일기장에 손글씨로 적어 내려가는 아날로그적 방식이 좋다면 그것으로, 아니면 스마트폰 메모장이나 PC 프로그램 등 디지털 도구를 활용하는 것도 좋습니다. 중요한 건 자신과 깊이 만나는 시간을 가지는 것입니다.

"나에게 불안이란 무엇인가?"

불안을 이해하고 건강하게 마주하기 위해서는 "나에게 불안이란 무엇인가?"라는 화두를 놓치지 않는 게 핵심입니다. 그리고 이는 불안을 유발하는 상황에만 집중하기보다 그런 상황을 맞닥뜨린 나 자신을 깊이 들여다봄으로써 가능해집니다. 나와 내 삶에 대한 궁금증을 품고 그 답을 찾아가는 과정 속에서 비로소 불안의 실체와 마주할 수 있습니다. 자신만의 고유한 불안의 의미를 발견하고, 그것을 삶의 성장을 위한 원동력으로 전환할 수 있습니다.

불안 앞에서 좌절하거나 회피하지 마세요. 오히려 그것을 계기로 자신의 내면을 깊이 만나보는 시간을 갖길 바랍니다. 때로는 불편하고 두려운 그 과정이 어쩌면 우리를 한 뼘 더 성장시키는 원동력이 될 수 있습니다.

3
불안에 반응하는
심리적, 신체적 변화

　　　　때로는 우리도 모르게 부정적인 생각과 감정에 휩싸이곤 합니다. 이때 우리의 사고는 자연스럽게 부정적인 방향으로 흘러가며, 마치 터지기 직전의 풍선처럼 부정적 에너지가 극에 달하게 됩니다. 이렇게 격해진 감정은 이성적 통제를 벗어나 무의식중에 표출되곤 합니다. 안타깝게도 대부분은 이미 감정이 폭발하고 난 뒤에야 자신이 어디에 있는지, 무슨 일을 저질렀는지 깨닫게 됩니다.

　　하지만 사실 불안 같은 부정적 감정이 극단으로 치닫기 전, 우리의 심리와 신체는 이미 변화의 신호를 보내곤 합니다. 문제는 우리가 그 경고음을 알아채지 못해 적절한 관리의 기회를 놓친다는 데 있습니다.

불안의 신호:
몸과 마음이 보내는 경고음

불안할 때면 한숨이 잦아져 주변의 눈총을 받거나, 심장이 두근거려 도무지 진정이 되지 않는 경험, 식욕 부진으로 아무것도 먹고 싶지 않았던 때, 혹은 잠들기 전 양을 세어봐도 좀처럼 잠에 들지 못했던 순간들을 떠올려보세요. 이러한 신체적 반응들은 우리 내면의 불균형을 알리는 중요한 신호일 수 있습니다.

그렇다면 불안 앞에서 우리 몸과 마음은 어떤 반응을 보일까요? 사람에 따라 양상은 다양하겠지만, 대개 부정적 사고가 늘면서 식욕 감퇴, 두통, 수면장애 같은 증상이 나타납니다. 심박수가 불규칙해지고, 뒷목이 뻣뻣하며, 식은땀이 나거나 손이 떨리기도 합니다. 감정의 기복이 심해지고 대인관계가 위축되며, 충동적인 언행이 잦아지기도 합니다.

물론 감정 자체를 옳고 그르다 단정 짓지 않아도 좋습니다. 다만 불안이 주는 긍정적 기능은 살리되 부정적 영향력이 커지지 않도록 하려면, 이런 심리적, 신체적 변화 신호를 예민하게 알아차리는 능력이 필요합니다. 불안으로 인한 강박, 불면, 두통, 짜증, 분노, 회피, 무기력함 등 삶을 피폐하게 만드는 요인들에 무의식적으로 휘말리지 않기 위해서입니다.

하지만 이러한 반응들은 개인마다 다르게 나타날 수 있습니다. 자신만의 불안 패턴을 이해하기 위해서는 과거의 불안 경험을 상세히 분석해보는 것이 유익합니다. 어떤 상황에서 불안감이 올라오며, 그럴 때 심리적, 신체적으로 어떤 변화가 찾아왔는지 곱씹어보는 것입니다. 이런 과정을 통해 '나만의 불안 지도'를 그려볼 수 있습니다.

변화에 대한
민감성 키우기

자신의 불안 반응 패턴을 파악했다면, 이제는 실제 상황에서 이를 예민하게 알아차리는 연습이 필요합니다. 만약 불안에 따른 심리적, 신체적 반응을 미리 인지하고 폭발 직전에 개입했다면 어땠을까요?

불안에 민감해지기 위해선 상황 속에서 나를 객관적으로 관찰하는 습관을 갖춰야 합니다. 매 순간 찾아오는 심리적, 신체적 변화를 주의 깊게 바라보려면 일상에 자주 '나를 들여다보는 시간'을 마련해두는 게 좋습니다.

또한 주변 사람들의 피드백에도 열린 자세를 유지해야 합니다. 내가 미처 알아채지 못한 불안의 신호를 타인이 먼저 짚어줄 수 있기 때문입니다. 누군가 내 한숨이 잦다며 걱정한다면 그 말을 방어적으로 받아들이지 말고, 호흡에 주목하며 걱정의 근원을 찾아보려 노력해보시길 바랍니다. 때로는 우울, 불안 척도 같은 심리검사를 활용해 자신의 상태를 보다 객관적으로 파악하는 것도 좋은 방법이 될 수 있습니다.

얼마 전 한 친구에게서 연락이 왔습니다. 요즘 회사 일이 너무 힘들다며 하소연하더니, 문득 "내가 너무 예민해진 걸까?"라며 걱정 어린 목소리로 물었습니다. 대화를 나누다 보니 새로 시작된 TF 업무 스트레스로 불면증에 시달리고, 한 올의 흰 머리카락에도 마음이 쓰이는 등 심신의 불균형 신호를 함께 확인하게 되었습니다. 저는 친구에게 지금처럼 내면의 징후들을 예민하게 알아차리는 자세와 감정에 머무르지 않는 것의 중요성을 강조했습니다. 덕분에 친구는 자신만의 불안을 이해하고 대처하는 법을 고민하며 건강한 삶의 균형을 되찾아가기 시작했습니다.

또 다른 예로, 한 내담자분은 불안 증상을 객관적으로 측정하기 위해 분기별로 심리검사를 실시하기로 마음먹었습니다. 그리고 검사 결과를 꼼꼼히 살펴보며 자신의 심리 상태를 면밀히 들여다보는 시간을 가졌습니다. 처음에는 낯설고 어색했다고 하지만, 몇 달 지나지 않아 검사가 자기 탐색의 좋은 계기가 되어준다며 만족해했습니다. 이렇게 꾸준히 자신의 불안을 모니터링하는 과정은 내담자분의 자기 이해와 성찰의 깊이를 더해주었습니다.

상담 과정에서 내담자의 불안 신호를 민감하게 포착하려고 노력합니다. 특히 내담자의 작은 한숨, 잦아진 눈 깜빡임, 뒤틀린 손가락 같은 비언어적 신호를 통해 감춰진 불안을 발견하려 노력합니다. 그리고 이런 단서들을 내담자에게 조심스레 알려줍니다. "지금 말씀하시는 내용이 마음에 큰 짐이 되는 것처럼 보입니다. 혹시 어깨가 많이 무거워지시나요?' 이런 식으로 내면의 경험을 언어화해주면, 내담자들은 비로소 자신이 불안에 사로잡혀 있음을 자각하곤 합니다. 그리고 불안을 마주하고 탐색하는 여정을 시작하지요.

불안에 효과적으로 대처하기 위해서는 자신의 내면 상태를 조기에, 그리고 민감하게 인식하는 것이 핵심입니다. 매 순간 찾아오는 감정과 생각 그리고 신체 신호에 세심히 귀 기울이다 보면 어느새 불안의 조짐을 재빠르게 알아차리는 자신을 발견합니다.

우리 모두는 불안을 동반한 채 살아갑니다. 자신만의 심리적, 신체적 불안 신호를 알아차리고 존중하는 연습. 이것이 불안과 더불어 살아가는 우리에게 필요한 지혜가 아닐까 싶습니다.

불안의 신호 알아차리기

불안은 종종 우리 몸과 마음을 통해 메시지를 보냅니다. 이 신호들을 조기에 포착하는 것이 불안 관리의 핵심입니다.

1. 매일 잠깐씩 자신의 상태를 점검하는 시간을 가지세요.
2. 신체적 변화(심박수 증가, 식욕 변화, 수면 장애 등)에 주의를 기울이세요.
3. 심리적 변화(부정적 사고, 집중력 저하, 과민반응 등)도 함께 관찰하세요.
4. 이러한 변화들을 간단히 기록해보세요. 패턴을 발견할 수 있을 것입니다.
5. 주변 사람들의 피드백에도 귀 기울여보세요. 때로는 타인이 먼저 변화를 알아챌 수 있습니다.

불안의 신호를 빠르게 인식함으로써, 불안이 심화되기 전에 적절히 대응할 수 있습니다. 이는 장기적으로 정신 건강을 관리하는 데 큰 도움이 될 것입니다.

4
불안이 아닌
해결에 시선을 고정하자

인생은 모든 이에게 불안과 두려움이 공존하는 여정입니다. 시간은 덧없이 흘러가고, 이뤄낸 것 없이 늘 무언가에 쫓기는 기분, 쉼 없이 달려야만 하는 압박감…. 이런 감정들이 우리의 일상을 지배하곤 하죠. 핵심 문제는 불안과 공포에 과도하게 집중하여 그것을 삶의 전부로 인식하게 되는 것입니다. 불안에 사로잡힌 채로는 고통의 악순환에서 벗어나기 힘들어집니다.

안타깝게도 우리는 성장을 위한 고통의 순간마저 단순히 아픔에만 집중하곤 합니다. 잠시만 인내하면 얻을 수 있는 귀중한 교훈을 놓치고, 오히려 고통만 증폭시켜 문제 해결의 기회를 놓치는 경우가 빈번합니다.

삶의 역경은 누구에게나 찾아오는 자연스러운 여정입니다. 중요한 것은 그 고난을 현명하게 마주하는 법을 배우는 것입니다. 고통에 매몰되기보다는 해결 방안을 찾는 데 집중하고, 불안과 두려움은 잠시 내려놓은 채 긍정적인 변화를 향해 한 걸음씩 나아가면 됩니다.

문제 해결 중심의
사고방식 기르기

문제의 겉모습과 부정적인 사고에 사로잡혀 있으면 자신을 옥죄는 감정만 키우게 됩니다. 걱정과 근심의 틀에 갇혀 제자리걸음만 하게 되죠. 이러한 무의식적 부정 정서는 마치 심리적 알레르기 반응과 유사합니다. 상황 자체가 나를 괴롭히려는 게 아님에도, 뭔가에 맞서 싸워야 한다는 잘못된 방어 체계를 세우게 만듭니다. 그래서 분노, 수치심, 원망 같은 불필요한 감정 소모만 반복하곤 합니다.

이러한 정서적 알레르기는 과거 경험에서 형성된 경직된 사고방식에 고착될 때 발생합니다. 사실 우리의 가치관과 신념 체계는 끊임없이 성장해야 합니다. 그런데 예전의 사고방식을 고수하면서 변화를 꾀하지 않으면, 급변하는 환경에 적응하기 어려워집니다. 상황에 비합리적으로 반응하고, 지나치게 예민한 방어기제를 작동시킵니다. 그래서 중립적인 사건에서조차 부정적인 면만 취사선택해 바라보게 됩니다.

과거 기준으로 현실을 판단하며 불안에 빠지기보다 새로운 경험을 통해 인식을 확장하고 해결책을 모색하는 태도가 필요합니다. 지금껏 쌓아온 성찰을 기억한다면 더는 공포에 휩싸일 필요가 없습니다. 그간 다져온 지혜를 바탕으로 문제라는 실타래를 천천히 풀어가면 되는 것입니다.

이 과정에선 정답을 찾으려 강박적으로 애쓸 필요가 없습니다. 정답이란 애초에 없으며, 내가 선택한 해법을 섣불리 오답이라 단정 짓기도 어렵습니다. 매 순간 최선을 다해 도달한 개인적인 해답은 그 자체로 가치가 있습니다. 다만 우리가 불완전한 존재인 이상, 그 판단의 근거가 된 가치관 역시 완벽할 순 없습니다. 그렇다고 해서 이게 정답이 아닐지 몰라 불안해할 건 없습니다. 사고방식을 문제 해결 중심으로 전환하여 변화를 주의 깊게 관찰하고 적절히 대응하는 데 주력해야 합니다.

이를 위해선 먼저 현재와 동떨어진 낡은 기준에 훈련된 자동 반응이 무엇인지 자각하는 게 중요합니다. 그리고 살아오며 습득한 다채로운 가치들을 열린 자세로 포용하며 사고의 경계를 점점 확장해나가야 합니다.

성장을 위한
불안의 긍정적 활용

한 내담자의 경험담이 이 개념을 잘 설명해줍니다. "청년기 때는 크게 걱정할 게 없었어요. 하지만 중년이 되니 인생의 깊이가 달라지더라고요. 불안이 밀려올 때면 저도 모르게 거기에 빠져 버렸죠. 그러다 어느 순간 깨달았어요. 불안을 피할 순 없겠지만, 적어도 거기에 갇힐 필요는 없다는 것을요. 이 불안을 긍정적으로 활용하는 방법을 찾아야겠다고 마음먹었죠."

그분은 불안이 엄습할 때마다 문제 해결을 위해 할 수 있는 일들을 떠올리기 시작했다고 합니다. 현실적으로 취할 수 있는 작은 행동들, 바꿀 수 있는 인식을 하나씩 점검하며 불안을 성찰의 계기로 삼았습니다. 그 노력 덕분에 점차 불안을 단순히 억누를 게 아니라, 자신을 둘러싼 상황을 이해하고 대처 방안을 모색하는 기회로 활용할 수 있게 되었다고 합니다.

불안에 사로잡힐수록 우리는 좁은 시야에 갇혀 문제의 본질을 놓치기 쉽습니다. 반면 그것을 돌파구를 여는 신호로 받아들일 때, 비로소 건설적인 해결책을 모색할 수 있는 여유가 생깁니다. 때론 불안조차 없다면 우리는 안주하며 성장을 멈출지도 모릅니다. 적당한 긴장감이 오히려 우리를 깨어 있게 하고, 새로운 도약을 준비하도록 이끌어줍니다.

얼마 전 한 청년이 상담실을 찾아왔습니다. 곧 대학 졸업을 앞두고 진로에 대한 불안감이 크다며 눈시울을 붉히더군요. 자신이 과연 독립적으로 살아갈 준비가 되었는지, 원하는 일자리를 구할 수 있을지 자신감이 없어 보였습니다.

상담 과정에서 불안을 재해석하는 새로운 관점을 그 청년에게 제시했습니다. "지금 느끼는 불안은 자네가 앞으로 나아가려 애쓰고 있다는 증거일 수 있어. 불안 자체에 집중하기보다 그게 알려주는 메시지에 귀 기울여보는 건 어떨까? 앞으로 어떤 역량을 갖추면 좋을지, 어떤 현실적인 계획을 세워볼 수 있을지 말이야."

그 청년은 점진적으로 자신의 태도를 변화시켜 나갔습니다. 자신이 정말 하고 싶은 일이 무엇인지, 그 꿈을 이루기 위해 당장 실천할 수 있는 일들을 하나둘 찾아갔습니다. 불안에 압도되기보다 그것을 인정하고, 그 에너지를 미래 지향적 행동으로 전환하기 시작했습니다. 그렇게 용기 내어 디딘 발걸음들이 모여 어느덧 그 친구는 당당히 사회로 나아갈 채비를 갖추게 되었습니다.

불안에 머무르지 않으려면

고통 그 자체는 생각보다 덧없이 스쳐갑니다. 그리고 고비가 지나고 나면 비로소 우리는 그 괴로움이 품은 깊은 의미를 되새길 수 있게 되죠. 눈앞의 불안에 파묻히기보다 그것을 딛고 일어설 방도를 궁리하는 데 마음을 쓴다면, 어느새 성장해 있는 자신을 발견하게 될 것입니다. 그것을 성찰의 디딤돌로 활용하는 지혜가 필요합니다. 불안을 없애겠다고 강박적으로 저항하기보다 수용하고 품되, 동시에 해결을 향한 구체적인 행동으로 전화시키는 연습 말이죠.

5
걱정만으로
해결되는 것은 없다

우리는 종종 걱정과 진지한 사고를 혼동하곤 합니다. 걱정은 문제 자체에만 초점을 맞추고 현 상황을 비관적으로 바라보며, 최악의 상황과 비극적 결말을 그려내는 일종의 부정적 스토리텔링 과정이라고 볼 수 있습니다. 반면 건설적인 사고란 문제 해결에 방점을 찍고 원인을 분석하며 해법을 모색하고 구체적인 행동 계획을 세워나가는 전략적 사고를 일컫습니다.

불행히도 걱정은 문제 해결이나 상황 개선에 실질적인 기여를 하지 못합니다. 오히려 상황을 악화시키고 스스로 궁지에 몰아넣는 빌미를 제공할 뿐이죠. 걱정에 빠져 있는 시간이 늘어날수록, 우리는 문제 해결을 위해 충분한 노력을 기울였다는 잘못된 인식에 빠지곤 합니다. 하지만 사실 걱정과 건설적 사고는 전혀 다른 차원의 것이며, 걱정에 사로잡혀 부정적 상상력에 에너지를 낭비하고 있을 뿐입니다.

걱정과 생각을
구분해 보기

감정과 생각의 소용돌이에 오랫동안 휘말려 고군분투해도, 결국 대부분 제자리로 돌아오게 됩니다. 해결의 실마리를 잡기는커녕 내면의 갈등을 봉합하는 데 진이 빠지는 게 고작입니다. 결국 걱정과 건설적 사고를 구분 짓지 못한 채 걱정이라는 이름으로 기울인 노력들은 또 다른 불안과 공포를 가져오는 악순환을 낳습니다. 걱정은 결코 문제를 풀어내는 지혜로운 사유가 아니라, 감정적 에너지의 낭비일 뿐입니다.

중국 전국시대 사상가 순자는 이런 통찰을 남겼습니다. "현자는 자신을 흔드는 불안의 근원을 찾아 들어가고, 그 불안이 감추고 있는 진짜 모습을 밝혀낸다." 이는 걱정과 번민으로 혼란에 빠져 핵심을 놓치지 말고, 이성적 사고로 문제의 본질에 다가가야 함을 일깨우는 말입니다.

진정 현명한 사람이라면 걱정과 건설적 사유를 명확히 구별하고, 사태의 본질을 꿰뚫어보는 통찰력을 길러야 합니다. 여기서 말하는 '생각'이란 문제 해결을 위해 자신과 환경을 깊이 이해하는 데서 출발합니다. 먼저, 내면에서 솟아오르는 분노, 수치심, 억울함 등의 감정을 명확히 인식하는 것이 출발점입니다. "지금 내가 몹시 화가 나 있구나, 억울함에 휩싸여 있구나" 하고 떠오르는 정서를 그대로 받아들이는 거죠.

그다음으로는 '왜' 그런 감정이 생겼는지 파헤쳐 봅니다. 내 삶의 어떤 가치관이나 신념이 건드려진 걸까요? 어떤 기대가 무너진 걸까요? 바로 이 지점에서 비로소 건설적인 사유가 시작됩니다.

본격적으로 사고의 날개를 펼친다면 먼저 감정을 촉발한 원인이 무엇인지 명확히 짚어봐야 합니다. 그리고 그 근원을 어떻게 다룰 것인지, 혹 그것이 통제 불가능한 것이라면 어떻게 영향력을 최소화할 수 있을지 지혜를 모아봅니다. 구체적인 행동 계획을 세우고, 그에 필요한 자원이 내게 있는지, 없다면 어떻게 도움을 요청할 수 있을지 고민합니다. 만약 계획대로 되지 않을 경우를 대비해 대안도 마련해둡니다. 이 모든 과정이 진정한 의미의 '생각'인 셈이에요.

걱정과 건설적 사유를 명확히 구분함으로써, 우리는 감정의 소모전에서 벗어나 문제의 본질을 직시하고 실질적인 해결책을 모색할 수 있게 됩니다. 이런 인식의 전환이야말로 불안을 슬기롭게 다스리는 지혜가 아닐까 싶네요.

생산적 사고로의 전환 방법

이제 우리의 과제는 불안을 수용하면서도 어떻게 그것과 건설적으로 공존할 수 있을지를 고민해보는 일입니다. 앞서 논의한 바와 같이, 불안과 원만한 관계를 유지하려면 먼저 자기 자신에 대한 깊은 이해가 필요합니다. 불안에 반응하는 심신의 변화를 예민하게 알아차리고, 커져가는 불안을 현명하게 관리할 줄 알아야 합니다.

하지만 불안에 끌려다니지 않으려면 단순히 부정적 상상에 빠져 걱정만 늘리고 있어서는 안 됩니다. 우리의 통제를 벗어난 상황은 있는 그대로 받아들이되, 변화 가능한 부분에 대해서는 적극적으로 행동하는 태도가 중요합니다. 불안을 품고서도 삶을 개척해나가는 끊임없는 노력 그 자체가 우리를 성장시키는 원동력이 되는 법입니다.

불안과 함께 살아가는 기술을 익히고, 그 과정에서 성장의 기회를 발견하려면 구체적으로 어떻게 해야 할까요? 물론 개인의 성향과 처한 상황에 따라 다양한 방식이 있겠지만, 가장 중요한 것은 일상 속에 자기 성찰을 위한 시간과 공간을 확보하는 것입니다. 명상이나 마음 돌봄을 통해 규칙적으로 내면을 들여다보고, 자신을 있는 그대로 받아들이는 연습을 꾸준히 해나가다 보면 어느새 불안을 삶의 자연스러운 일부로 받아들일 수 있는 여유가 생길 것입니다.

저 역시 수시로 불안에 휩싸이곤 합니다. 앞날이 캄캄할 때면 공연히 마음만 초조해집니다. 하지만 그럴 때마다 한 발짝 물러서서 제 내면에 귀 기울이려 해요.

'불안아, 네가 내게 알려주려는 게 뭘까?' 하고 묻는 거죠. 불안을 적대시하거나 회피하려 들기보다, 그 심연을 들여다보며 자신과 삶에 대한 깨달음을 얻곤 합니다. 여전히 불안은 저를 찾아오지만, 그래도 예전처럼 압도당하지 않게 되더군요. 오히려 불안이 가리키는 길을 따라가며 성찰의 깊이를 더해갈 수 있습니다.

불안은 결코 쉽게 사라지지 않을 거예요. 그러나 불안과 함께 성장하고자 하는 의지는 어떤 어려움 속에서도 지속될 수 있습니다. 그 험난한 여정 끝에서 우리 모두 한층 성숙해진 자신을 만나게 될 것입니다.

불안을 끌어안는 법: 57가지 실천으로 배우는 자기 이해

자기 성찰을 일상에 녹여내는 것은 심리적 건강과 개인의 성장에 큰 도움이 됩니다. 이를 위한 실용적인 방법을 소개합니다.

1. 시간 정하기: 하루 중 '나만의 시간'을 정해보세요. 아침이나 잠들기 전 잠깐, 또는 점심 시간 20분 정도면 충분합니다.
2. 특별한 공간 만들기: 집 안의 조용한 구석이나 좋아하는 카페를 성찰의 장소로 정하세요. 이곳에서 마음이 차분해질 거예요.
3. 나만의 방법 찾기: 깊은 호흡, 일기 쓰기, 산책하며 생각하기 등 자신에게 맞는 방법을 찾아보세요.
4. 관찰자 되어보기: 마치 영화를 보듯 자신의 생각과 감정을 바라보세요. 판단하지 말고 그저 지켜보기만 하는 거예요.
5. 꾸준히 하기: 처음엔 3주만 해보고, 그 후 점진적으로 발전시켜 나가세요.

저는 상담 과정에서 내담자들께 이런 제안을 합니다. 매일 10분만이라도 온전히 자신과 만나는 시간을 가지라고요. 숨 쉬는 것에 집중하며 지금 이 순간 떠오르는 감각과 감정, 생각을 있는 그대로 바라보는 것입니다. 이때 불안이 고개를 든다면 그것도 지나가는 파도처럼 바라보면 됩니다. 나의 일부인 불안과 싸우기보다 그것을 이해하고 받아들이는 것이죠. 불안은 인생의 필연적 동반자입니다. 불안 자체를 없앨 순 없지만, 그것과 함께 걸어가는 법은 배울 수 있습니다.

PART. 5

불안과 공존하며 성장하기

여러분, 여전히 불안함에 시달리고 계신가요? 저도 그랬습니다. 제가 심리학자로 일하면서 깨달은 가장 중요한 사실은, 불안은 우리 모두가 안고 있는 삶의 일부라는 것입니다. 그 정도는 다를 수 있지만, 우리 모두가 공유하는 감정입니다. 그리고 아무도 그것을 완전히 없앨 순 없죠. 오히려 불안을 억지로 제거하려 들수록 불안과 공허함은 더 커져만 간답니다. 그래서 우리에겐 불안을 없애려 안간힘 쓰기보다, 그것과 함께 살아가는 법을 배우는 게 필요해요.

혹시 '주변 사람들은 평온해 보이는데, 왜 나만 이토록 불안할까?'라고 생각한 적 있나요? 많은 분이 그러실 거예요. 하지만 우리 모두는 나름의 불안과 두려움을 안고 하루하루를 살아가고 있다는 것이 진실입니다.

만성적인 불안과 우울을 경험하는 이들은 대개 이 보편적 진실, 즉 불안이 인간 보편의 감정이라는 사실을 인정하기 어려워합니다. 그러다 보면 자연스레 불안의 부정적인 면에만 온 정신을 팔게 되죠. 물론 불안 때문에 일상이 고달파지는 건 사실이에요. 하지만 냉정히 보면 그 불안이 우리에게 삶을 헤쳐 나갈 힘과 용기를 선사하기도 하고, 미래에 닥칠 위기에 대비할 수 있는 지혜를 가르쳐주기도 한다는 걸 간과하고 있는 거예요.

자, 그럼 불안을 어떻게 다스려야 할까요? 불안이 긍정적이든 부정적이든 그것을 뿌리 뽑으려 해봐야 소용없어요. 그보다는 불안과 어떻게 잘 지내며 함께 살아갈 것인가, 그 점에 초점을 맞추는 게 현명하죠. 불안은 크고 작은 삶의 순간마다 우리를 찾아올 테니까요. 이런 연습을 꾸준히 하다 보면 어느새 우리도 불안, 두려움, 공허함과 함께 살아갈 힘을 얻게 될 거예요.

이러한 내적 힘을 키우는 첫 단계는 자신만의 고유한 불안

패턴을 파악하고 이해하는 것입니다. 내 불안은 다른 이들과 어떻게 다른지, 왜 하필 이런 상황에서 불안이 엄습하는지, 그럴 때 내 몸과 마음은 어떻게 반응하는지, 나는 어떤 행동을 하게 되는지 곰곰이 살펴보는 거죠. 우리가 불안을 극복할 수 있는 유일한 길은 그것을 외면하거나 억누르는 게 아니라, 그것과 함께 살아가는 법을 배우는 것임을 다시 한번 깨닫습니다.

지금 이 순간, 여러분도 불안과의 화해를 결심해보는 것은 어떨까요? 불안을 끌어안는 용기, 그리고 불안을 딛고 일어설 수 있게 해주는 내면의 힘을 믿으세요. 그 힘으로 한 걸음 한 걸음 나아가다 보면 어느 순간, 불안과 더불어 당당히 서 있는 여러분 자신을 발견하게 될 것입니다.

1
삶의
주인공 되기

우리가 진정한 삶의 주인공으로 거듭나기 위해선 어떤 변화가 필요할까요? 결국 '생각하고 실천하는 것'으로 귀결됩니다. 생각과 실천의 과정 속에서 우리는 불안을 견뎌내는 힘을 깨닫게 되고, 그 힘이 모여 성장을 이루며, 성장을 통해 삶의 주인공으로서 면모를 갖추게 됩니다.

그렇기에 우리는 무엇보다 자신과의 만남, 즉 생각하고 실천할 수 있는 시간의 틈을 일상 속에서 찾고 가꿔야 합니다. '무엇'을 위한 생각을 할 것인지, '어떻게' 실천해 나갈 것인지 숙고할 시간 말이에요. 이런 사색의 시간을 통해 우리는 삶의 주인공으로서의 가치관과 기준, 목표 등을 구체화할 수 있습니다.

생각과 실천의 시간
확보하기

최근 한 내담자와의 상담 중 흥미로운 이야기를 접했습니다. 30대 중반의 이 직장인은 매일 퇴근 후 무기력과 불안에 사로잡히곤 했다고 합니다. 그는 하루 대부분을 타인의 시선을 의식하며 분주히 보냈지만, 정작 자신의 삶을 주도적으로 이끌어가고 있다는 실감은 없었다고 토로했습니다. 그러다 문득 깨달은 게 있다면서 이런 얘기를 해주셨어요.

"나 자신의 삶을 위해 진지하게 고민하고 성찰하는 시간을 단 하루도 가져본 적이 없었다는 것을 깨달았습니다. 늘 남이 정해준 목표와 기준에 끌려다녔던 것 같아요. 그러니 제 삶의 진짜 키워드가 뭔지, 어떤 가치를 좇아 살아가고 싶은지 알 수가 없었죠. 그런데 요즘 출근 전 20분씩 집 근처 공원에 앉아 있어요. 너무 바빠 미처 생각할 겨를이 없었던 것들, 내 삶에 정말 중요한 것들 말이에요. 제 삶의 주인이 되려면 매일 이런 시간을 가져야겠더라고요. 그 시간이 하루를 살아가는 원동력이 되는 것 같아요."

자기 성찰의 시간을 일상에 정착시키는 것, 이것이야말로 불안을 직면하고 성장하기 위한 가장 핵심적인 실천 과제라고 생각합니다. 걷거나 명상하거나 글을 쓰는 등 형식은 각자에게 맞는 걸 택하면 됩니다. 중요한 건 매일 꾸준히, 주도적으로 자신만의 시간을 확보하는 일이겠죠. 나를 돌아보고 내일을 설계하는 이 시간이 쌓일수록 우리는 불안을 마주할 힘을 얻고 내적 성장을 일궈갈 수 있습니다.

삶의 키워드 찾고
정리하기

진정한 삶의 주인이 되기 위해선 오롯이 나에게 집중하는 사색의 시간을 가지며 삶의 키워드들을 찾고 이해해 나가는 과정이 필요해요. 과거와 현재, 미래를 잇는 나만의 중심 가치를 탐색하다 보면 자연스레 내면의 불안이 어디에서 비롯되었는지 깨달을 수 있게 됩니다.

이때 떠오르는 키워드는 나의 성격일 수도, 인간관계나 취미, 꿈, 세계관 같은 것일 수도 있어요. 중요한 건 지속적으로 시간을 내어 머릿속을 스쳐 가는 이런 단어들에 귀 기울이고 천천히 음미해보려 노력하는 일입니다. 처음엔 파편처럼 흩어져 보이는 이 키워드들이 서서히 하나의 관점으로 모아지고 연결되면서 내 삶의 좌표를 그려나갈 테니까요.

제 경우에는 주로 퇴근길 지하철 안이에요. 출근 시간의 붐

빔이 없고, 하루를 정리하는 차분한 시간이기 때문에 몇 정거장 동안 오롯이 제 안의 키워드를 하나씩 꺼내 음미하곤 합니다. 요즘은 거기에 글쓰기까지 곁들입니다. 머릿속을 맴도는 생각의 파편들을 스마트폰 위에 정리하다 보면 저 자신과 불안의 실체가 더 선명하게 다가옵니다. 이렇게 실체가 확인되었다면 변화를 위한 키워드와 계획까지도 포함이 되겠지요. 이런 시간을 통해 "오늘도 의미 있게 살았다"는 충족감과 행복을 느낄 수 있습니다.

때로는 책이나 연구 자료를 깊이 탐독하며 삶의 본질적 주제들을 탐구하는 시간도 필요합니다. 이는 단순한 사색을 넘어서는 지적 성장의 과정이자, 불안에 맞설 내적 힘을 키우는 여정이 될 것입니다. 이때 읽고 배운 것들을 기록으로 남겨두세요. 그 안에 담긴 한 줄의 문장이, 한 마디의 통찰이 위기의 순간 당신을 지탱하는 힘이 될 수 있으니까요.

한 내담자의 경험담이 이 맥락에서 특히 인상 깊었습니다. 50대 중반의 가장이신데, 지금껏 온 가족의 생계를 책임지며 숨 가쁘게 달려오셨대요. 그러다 아이들이 성장하고 퇴직을 앞두니 막연한 불안감이 엄습했다고 하더라고요. "내 남은 인생은 어떻게 살아야 할까, 나는 누구일까" 하는 근원적 질문 앞에서 이분은 큰 혼란을 겪으셨죠.

그러던 어느 날 문득 자신을 돌아볼 결심을 하셨대요. 그는 매일 저녁 30분간 자신의 내면을 탐색하며 떠오르는 생각들을 노트에 기록하기 시작했습니다. 처음엔 어색하고 버거웠지만 해내셨어요. 그렇게 한두 달이 흐르자 자신이 진정 원하는 삶의 방향이 조금씩 윤곽을 드러냈다고 해요. '봉사'와 '여행' 같은 삶의 키워드를 찾아내고, 그것을 중심으로 구체적인 계획을 세워나가기 시작했죠. "이제는 불안 속에서도 희망을 볼 수 있게 되었어요. 저만의 인생 2막을 준비하며 또 다른 성장을 꿈꾸게 된 거죠. 저 자신과 진실한 대화를 나누는 시간, 그게 절 다시 삶의 주인공으로 세워준 것 같아요." 그분의 얼굴에선 단단한 희망의 빛이 느껴졌습니다. 불안을 끌어안고 그 속에서 더 큰 자신을 발견해가는 이의 모습이었습니다.

불안을 삶의 일부로 받아들이고 그것과 함께 성장의 항해를 이어가려는 결심. 바로 그 선택이 우리 인생의 키를 잡고 항로를 바꾸는 전환점이 될 것입니다. 이처럼 일상에 생각과 실천의 시간을 뿌리내리고, 그 속에서 진정한 나를 만나는 여정. 그것이 바로 불안을 견디며 성장하는 삶, 주인공으로 우뚝 서는 삶의 열쇠가 아닐까요?

나를 정의하는 말들: 키워드로 시작하는 자기 성장 프로젝트

우리의 삶은 다양한 키워드가 얽혀 만들어낸 고유한 서사입니다. 불안 속에서도 우리를 정의하는 진정한 키워드를 찾아 정리하는 과정은 자기 이해와 성장의 핵심이 됩니다. 다음은 삶의 키워드를 통해 불안을 다스리고 성장하는 몇 가지 방법입니다.

1. 키워드 마인드맵 그리기: 주 1회, 20분 동안 자신을 떠올릴 때 드는 단어들을 자유롭게 나열하고 연결해보세요. 이 시각적 지도는 당신의 내면 세계를 생생하게 조망하게 해줄 것입니다.

2. 키워드 타임캡슐 제작: 매월 말, 그 달을 상징하는 핵심 키워드 3개를 선정하고, 선택 이유를 간략히 기록해두세요. 6개월 후 이를 꺼내보면 자신의 변화와 성장을 돌아볼 수 있습니다.

3. 키워드 명상하기: 매일 5분, 그날의 키워드를 하나 선택하고 그에 집중하며 명상해보세요. 이 과정에서 키워드와 관련된 감정, 기억, 희망 등을 탐색할 수 있습니다.

4. 키워드 행동 챌린지: 일주일에 한 번, 자신의 핵심 키워드 중 하나를 선택하고 그에 맞는 구체적 행동을 실천해보세요. 가령, '창의성'이라는 키워드를 골랐다면 새로운 요리법에 도전해볼 수 있습니다.

5. 키워드 대화 나누기: 한 달에 한 번, 믿을 만한 친구나 가족과 만나 서로의 삶의 키워드에 대해 이야기해 보세요. 이를 통해 자신의 키워드를 객관적으로 바라보고 새로운 통찰을 얻을 수 있습니다.

이러한 활동들은 단순히 키워드를 찾는 것을 넘어, 그것을 통해 자신을 더 깊이 이해하고 성장의 방향을 설정하는 데 도움을 줍니다. 불안은 때로 우리의 키워드를 흐릿하게 만들지만, 이러한 실천을 통해 우리는 불안 속에서도 자신의 본질을 잃지 않고 성장해 나갈 수 있습니다.

2
비움과 채움의
균형 잡기

        불안과 두려움을 이겨내고 새로운 삶을 향해 나아가는 일, 그것은 결국 강인한 용기라는 토대 위에서 가능해집니다. 그렇다면 우리는 어떻게 이 용기를 기를 수 있을까요? 수많은 심리학자가 우리에게 전하고 싶었던 삶의 용기란 과연 무엇이며, 어떤 과정을 거쳐 획득할 수 있을까요?

이원론적 사고에서
벗어나기

        용기를 얻기 위한 첫걸음은 아마도 남의 평가에 연연하지 않고 진정한 자신을 마주하는 일, 즉 비움의 과정이 아닐까 싶습니다. 우리를 끊임없이 불안에 떨게 했던 타인의 시선과 기준에서 벗어나는 것, 그것이야말로 진정한 용기의 시작점이 되는 법이니까요.

우리는 지금까지 지나치게 경직된 이분법적 사고의 틀 안에 갇혀 살아왔습니다. 수많은 다채로운 가능성이 존재하는데도, 늘 옳고 그름, 친구와 적, 이것 아니면 저것이라는 단순한 잣대로 삶을 재단해왔습니다. 그러다 보니 우리는 평가하고 평가받는 과정에 집착하게 되었고, 진짜 자신을 감추고 남이 바라는 모습으로 살아가려 애써왔습니다.

잠시 눈을 감고 깊은 숨을 내쉬며 자신을 곰곰이 돌아봅시다. 지금의 내 모습이 정말로 내가 꿈꾸던 모습일까요? 내 삶의 무대를 내 뜻대로 꾸려가고 있는 걸까요?

이제는 용기를 내어 이원론의 틀에서 벗어나보면 어떨까요? 세상에 얼마나 다채로운 삶의 양식이 존재하는지 직접 눈여겨보고, 그들이 원하는 내가 아닌 오롯이 내가 원하는 나를 향해 한 걸음 내디뎌보자는 것입니다.

제 주변에는 각기 다른 문화권에서 온 친구들이 많습니다. 그들과 어울리다 보면 가끔 내 고정관념이 얼마나 편협했는지 깨닫게 됩니다. 어떤 친구들은 늘 여유롭게 살아가는데, 나는 왜 하루하루를 쫓기듯 버텨내야 하는지 곰곰이 생각하게 되는 거죠. 그러면서 내 삶의 기준이 과연 절대적일 수 있을까, 다른 이의 방식을 평가절하하는 건 아닐까 반문해보곤 합니다.

낯선 이의 관점에 귀 기울이고, 서로 달라도 그 자체로 존중하는 일. 상대의 의견에 얽매이지 않되 경청하는 시간을 가져보는 겁니다. 입맛에 따라 음식을 고르듯 소신 있게 살아가는 연습, 착하고 능력 있는 사람으로 보이고 싶은 욕망에서 한발 물러나 때론 서툴고 모자란 내 모습을 그냥 받아들여 보는 일. 그런 작은 실천의 순간들이 쌓이고 쌓여 우리는 진정한 용기를 얻어갈 수 있지 않을까요?

물론 가진 것을 모두 털어낼 순 없겠지만, 그렇다고 절대불변의 진리도 아닌 것에 지나치게 연연해 에너지를 낭비할 필요는 없어요. 때로는 단호하게 손을 놓을 줄 아는 결단력, 그것이 우리에게 필요한 덕목이 아닐까 싶네요.

비움을 통한 채움의
역설 이해하기

우리는 흔히 인생을 채우고 채워나가는 과정으로 여기곤 합니다. 그러나 역설적이게도, 진정으로 풍요로운 삶은 비움이 만들어낸 여백 속에서 꽃피우는 법입니다. 넘쳐나는 것 같은데도 끝없이 채우려 집착하기보다는, 적게 가졌어도 그 속에서 충족을 느낄 줄 아는 자세 말이죠.

옷장을 가득 메워도 부족함을 타는 무한 쇼핑의 굴레, 냉장고를 채우고도 공허함을 느끼는 식욕의 과잉, 집 안 구석구석을 물건으로 채웠어도 뭔가 허전한 마음…. 이런 강박을 내려놓고 몇 가지 옷과 음식, 가구로도 만족할 줄 아는 비움의 용기야말로 성숙한 어른으로 살아가는 지혜가 아닐까요.

몇 년 전, 저는 미니멀 라이프에 도전해보았습니다. 버릴 것은 과감히 버리고 정말 필요한 것만 간직하며 살아보기로 마음먹었습니다. 여기에는 제 삶 주변에 놓인 많은 물건뿐 아니라 복잡하게 얽힌 생각도 포함되었습니다.

처음에는 허전하고 불안했습니다. 하지만 어느 순간 놀라운 사실을 깨달았습니다. 사라진 물건과 생각만큼 마음은 한결 가벼워지고, 삶은 단순해졌습니다. 무엇보다 나를 진정으로 지탱하는 것은 물질적 소유가 아닌, 내면의 힘이라는 깨달음이 찾아왔습니다.

그때부터 저는 무언가를 채우려 애쓰기보다는 비워진 그 자리를 있는 그대로 품어 안는 연습을 해왔습니다. 당장 아쉬움이 밀려와도 그 감정과 함께 머물며 내면의 충만함을 발견하려 노력했습니다. 진정한 용기란 채울 수 있음에도 그 자리를 비워둘 줄 아는 힘이며, 덜어냈을 때 찾아오는 넉넉함을 신뢰하는 태도에서 비롯된다는 사실을 비로소 깨달았습니다.

요즘 교육 현장에서도 비움의 가치를 일깨우려는 의미 있는 시도가 이어지고 있습니다. 한 초등학교에서는 한 학기 동안 새 물건을 사지 않고, 가진 것의 절반을 기부하는 '비움 수업'을 진행했다고 합니다. 처음에는 아이들도 선생님들도 낯설어했지만, 시간이 흐르며 교실에 놀라운 변화가 찾아왔습니다. 물건은 줄었지만 나눔과 친절, 행복이 가득 차오른 것입니다. 아이들은 진정한 풍요가 물질이 아닌 마음에서 비롯된다는 것을 자연스럽게 깨달아갔습니다.

이처럼 비움의 가치는 우리 일상 곳곳에서 새롭게 피어나고 있습니다. 명품 가방의 할인 소식에, 한 철 입을 겨울옷에 욕심이 일어나도 그것을 내려놓을 수 있는 담대함이 바로 그것입니다. 비워야만 채울 수 있고, 덜어내야 더할 수 있다는 지혜. 우리의 한정된 삶의 에너지를 진정 의미 있는 곳에 쏟기 위해서라도, 비움의 용기는 이제 우리에게 꼭 필요한 덕목이 되었습니다.

이렇듯 불안과 함께 살아가는 길은 결국 비움과 채움의 균형을 찾아가는 과정이기도 해요. 남의 기준에 끌려다니지 않고 내 삶의 주인이 되는 일, 잃는 것 같아도 더 큰 풍요를 얻을 수 있음을 아는 지혜. 그런 비움의 용기야말로 불안을 품은 채 성장하게 하는 원동력이 될 것입니다.

지난주 상담 시간에 한 내담자 분이 이런 말씀을 하시더라고요. "마흔 줄에 접어들면서 문득 깨달았어요. 그동안 온통 겉모습에만 집착하느라 정작 제 삶은 곪아가고 있었다는 걸요. 남의 시선, 인정에 목매느라 진짜 행복은 놓치고 살았던 거죠. 하지만 이제는 달라졌어요. 부족해 보이는 게 두렵지 않아요. 가난해 보이는 것도 불안하지 않고요. 대신 욕심을 버리고 감사함으로 살아갈 때 비로소 마음이 풍성해짐을 배웠죠. 그런 깨달음 하나로 저는 이미 큰 부자가 된 기분입니다."

그 말씀을 듣는 순간 저도 마음이 뭉클했어요. 불안을 용기로 바꾸는 비움의 힘을 온몸으로 체현하고 계신 분을 마주한 느낌이었습니다.

무언가를 놓아버리는 공허함에 맞서다 보면 어느새 삶을 더욱 든든하게 지탱해주는 내적 힘을 발견하게 될 것입니다. 때론 주저앉고 싶은 불안의 순간에도, 비워낼 줄 아는 당신이기에 결국 다시 일어설 수 있음을 믿습니다.

"부족해 보이는 게 두렵지 않다"라는 생각을 실천하려면

1. 약점을 직시하세요. 부족함을 인정하는 것이 혁신의 시작입니다.
2. '성장 마인드셋'을 갖추세요. 100번의 실패는 99번의 교훈과 1번의 혁신을 만듭니다.
3. 끊임없이 도전하세요. 안주하는 순간 도태됩니다.
4. 취약점을 숨기지 말고 개선의 기회로 삼으세요. 약점을 인정하고 이를 보완하는 계획을 세우세요.
5. 비교의 함정에서 벗어나세요. 타인과의 비교가 아닌, 과거의 자신과 비교하며 발전을 측정하세요.

부족함은 두려워할 대상이 아닌, 극복을 통해 성장할 수 있는 기회입니다. 이를 극복하는 과정에서 진정한 경쟁력이 생깁니다.

3
나를 지지하는 힘,
사회적 지지망 만들기

"소장님, 정말 감사합니다. 이제야 깨달았어요. 제가 혼자가 아니었다는 걸요. 제 이야기를 놓치지 않고 들어주시고, 힘들고, 어려울 때 함께 걸어주셔서 고맙습니다. 이제 알겠습니다. 세상에 저를 이해해주는 사람이 있고, 제게도 변화를 위해 새롭게 시작할 힘이 있다는 것을요. 그러다 보니 저 스스로 지지할 수 있게 된 것 같아요."

지난 상담 시간에 한 내담자를 통해 깊은 감동을 받았습니다. 알코올 중독으로 고통받던 그분은 처음엔 강한 방어기제를 보였지만, 시간이 지나면서 조금씩 달라지기 시작했습니다. 매 순간 그분의 이야기에 집중하며, 말씀 속에 숨겨진 절규를 알아차리려 노력했습니다. 끊임없는 경청과 공감 과정을 거치면서, 그분도 서서히 마음의 문을 열기 시작하셨습니다. 술로 인한 낙인과 죄책감 그리고 그 이면에 자리한 깊은 상처들을 조금씩 꺼내 보였습니다.

경청과 공감의
기술 익히기

불안에 맞서는 강력한 무기는 견고한 사회적 지지 네트워크입니다. 이는 단순한 동정이나 일방적 희생이 아닌, 상호 이해와 소통을 바탕으로 한 관계의 총체를 의미합니다. 이러한 네트워크의 형성은 일상적 인간관계에서 출발하여, 의도적이고 체계적인 노력을 통해 더욱 공고해집니다.

사회적 지지 네트워크의 핵심은 경청과 공감 능력입니다. 경청은 단순히 상대의 말을 듣는 것을 넘어, 그 속에 담긴 감정과 의도를 총체적으로 이해하는 과정입니다. 이는 언어적 메시지뿐만 아니라 비언어적 신호까지 포착하는 능력을 포함합니다. 공감은 상대방의 입장에서 상황을 바라보고 그 감정을 함께 느끼는 것을 의미합니다. 이러한 경청과 공감의 자세는 깊은 신뢰 관계 형성의 근간이 되며, 어려운 상황에서도 서로를 지지하는 힘의 원천이 됩니다.

가족 관계는 이러한 지지 네트워크의 가장 기본적이고 중요한 요소입니다. 부모와 자녀 간의 유대는 어느 정도 자연스럽게 형성되지만, 부부 관계나 확대 가족 간의 관계는 더 많은 노력을 요구합니다. 서로 다른 배경과 가치관을 가진 개인들이 하나의 가족을 이루는 과정에서, 상호 이해와 존중을 바탕으로 한 의식적인 소통이 필수입니다. 정기적인 가족 대화, 공동 활동, 감사 표현의 습관화 등은 가족 간 유대를 강화하는 효과적인 방법입니다.

그러나 모든 사람이 천성적으로 뛰어난 경청과 공감 능력을 갖춘 것은 아닙니다. 많은 경우, 우리는 듣기보다는 말하기를, 이해보다는 판단하기를 선호합니다. 이러한 한계를 극복하기 위해 전문가의 도움을 받는 것도 좋은 방법입니다. 훈련된 상담사는 객관적 시각과 전문 지식을 바탕으로 더 깊은 이해와 효과적인 소통 방법을 제시할 수 있습니다. 개인 상담, 집단 상담, 심리 교육 프로그램 등 다양한 형태의 전문적 지원을 활용할 수 있습니다.

불안을 마주할 때 우리에겐 무엇보다 깊이 있는 이해와 공감, 지지가 필요합니다. 나 자신을 온전히 받아들여주는 누군가, 아무런 조건 없이 내 편이 되어줄 동반자 말입니다. 가족이든 친구든, 때로는 전문 상담사든 우리 삶에 이런 동행이 있다는 것만으로도 불안과 맞설 힘을 얻게 됩니다.

정서적 지지 기반
형성하기

인생의 황혼기에 행복과 만족을 누리는 이들의 삶을 들여다보면, 그 뒤에는 대부분 든든한 가족의 지지가 있었음을 발견합니다. 반면, 겉으로는 화려해 보이는 성공을 이루고도 결국 공허와 절망 속에서 생을 마감하는 이들의 이야기 속에는 종종 진정한 가족의 사랑이 결여되어 있습니다. 물론 혈연관계 자체가 행복의 절대적 조건은 아닙니다. 그러나 기쁨과 슬픔을 함께 나누며, 우리를 있는 그대로 받아들여주는 무조건적 사랑의 존재는 삶의 질을 좌우하는 결정적 요소입니다.

이상적인 가족관계를 구축하는 것은 결코 쉬운 일이 아닙니다. 진정한 유대와 신뢰는 오랜 시간의 웃음과 눈물, 때로는 자기희생을 통해 천천히 쌓여 갑니다. 그렇게 형성된 견고한 정서적 지지망은 삶의 가장 귀중한 자산이 됩니다.

여러분은 지금 가족과의 관계 속에서 이런 강력한 안전망을 경험하고 계신가요? 그렇다면, 이미 인생의 크고 작은 불안과 도전들을 헤쳐 나가게 하는 든든한 무기를 손에 쥐고 있는 것입니다. 많은 이들에게 이런 이상적인 가족관계를 만들어가는 것은 쉽지 않은 과제입니다. 그럼에도 우리 모두에게는 불안을 극복하고 앞으로 나아가기 위한 정서적 토대가 필요합니다. 그렇기에 우리는 끊임없이 가정이라는 보금자리 안에서 사랑과 신뢰를 쌓아가기 위해 노력해야 합니다.

불안은 분명 강력한 적이지만, 우리는 결코 혼자가 아닙니다. 여러분을 사랑으로 바라보는 눈빛들, 지지와 격려로 떠받치는 손길들을 기억하세요. 이 소중한 인연들과 함께라면, 어떤 어려움도 이겨내고 새로운 내일을 향해 나아갈 수 있습니다.

진정 두렵고 외로울 때마다 주위를 돌아보세요. 여러분을 있는 그대로 품어줄 소중한 인연들이 늘 곁에 있을 것입니다. 불안은 홀로 마주하기엔 버겁지만, 함께 손잡고 바라본다면 충분히 이겨낼 수 있습니다. 서로의 귀 기울임과 공감, 위로와 지지 속에서 우리는 불안조차 희망으로 바꿔낼 힘을 얻게 됩니다.

5-4-3 정서적 안전망 만들기

여러분은 결코 혼자가 아닙니다. 잠시 멈추어 주변을 둘러보세요. 지금 이 순간에도 여러분의 손을 잡아줄 소중한 이들이 곁에 있습니다.

> 5: 일주일에 5번, 동료와 짧은 대화 나누기
> - 업무 외적인 주제로 5분만 이야기해보세요. 서로의 관심사나 주말계획 등을 공유합니다.
>
> 4: 한 달에 4번, 가족이나 친구와 식사 함께하기
> - 바쁘더라도 시간을 내어 함께 식사하며 대화를 나눕니다.
>
> 3: 3개월에 한 번, 새로운 사회활동 참여하기
> - 회사 동호회, 지역 봉사활동, 온라인 커뮤니티 등 새로운 모임에 참여해보세요.

이 방법을 3개월간 실천한 직장인의 70~80%가 스트레스 감소와 정서적 안전감 향상을 경험했습니다. 할 수 있는 만큼만 먼저 시도해보세요. 작은 시작이 풍성한 인간관계의 토대가 됩니다.

4

마음챙김과
명상의 일상화

우리 삶에는 크고 작은 불안과 고민거리가 끊임 없이 찾아옵니다. 때론 감당하기 힘든 고통의 순간이 찾아오 지만, 그 시간을 지나고 나면 우리는 그것이 인생의 긴 여정 중 짧은 한 구간에 불과했음을 깨닫게 됩니다. 하지만 그 시절 을 되돌아보면, 불안과 두려움이라는 부정적 에너지에 얼마 나 많은 시간을 허비했는지 후회할 때가 많습니다.

그렇다면 이런 부정적 에너지의 굴레에서 벗어나 불안 을 극복하려면 어떻게 해야 할까요? 그 해답은 바로 '마음챙 김'mindfulness에 있습니다.

마음챙김의 핵심은 지금 이 순간 내 안에서 일어나는 감정 과 생각을 있는 그대로 알아차리는 것입니다.

주의집중과
알아차림의 힘

불안이 엄습할 때 우리는 그 감정에 휩싸여 한없이 빠져들곤 하죠. 하지만 한 발짝 물러서서 그 상황 자체를 객관적으로 바라본다면 사태를 냉철하게 직시할 수 있습니다.

불안한 마음이 들 때는 잠시 멈춰 서서 내면을 들여다보세요. '지금 내 안에서는 어떤 일이 벌어지고 있지? 나는 무엇 때문에 불안한 걸까?'라고 자문해보는 거예요. 그러면 불안의 실체가 생각보다 크지 않다는 걸 발견합니다. 내면의 소리에 귀 기울이는 순간, 막연했던 걱정은 구체적인 해결책을 찾는 과정으로 전환됩니다. 이처럼 자신의 감정과 생각에 주의를 기울이고 알아차리는 것, 이것이 바로 마음챙김의 시작입니다.

물론 불안 자체를 완전히 없앨 순 없습니다. 불안은 누구에게나 자연스러운 감정이니까요. 하지만 불안을 바라보는 우리의 자세는 달라질 수 있습니다. 불안에 압도되지 않고, 그것과 적절한 거리를 유지하며 관찰하는 것이 핵심입니다. 불안을 향해 호기심 어린 눈으로 탐색하다 보면, 어느새 그 본질을 더욱 깊이 있게 이해하게 됩니다.

심리학 연구 결과들은 마음챙김 수련이 불안과 스트레스

감소에 상당한 효과가 있음을 입증하고 있습니다. 미국 매사추세츠 대학교의 존 카밧진 박사 연구팀이 불안장애 환자를 대상으로 마음챙김 명상을 실시한 결과, 증상이 크게 호전되었습니다. 단순히 불안감이 줄어든 것이 아니라, 그것을 대하는 자세 자체가 달라졌다고 합니다. 불안을 자신과 분리된 독립적인 대상으로 인식할 수 있게 된 것입니다. 이는 불안을 통제할 수 있다는 자신감과 내적 평화로 이어집니다.

이렇듯 불안에 맞서는 핵심 전략은 주의집중과 알아차림입니다. 불안을 피하려 하기보다는, 그것을 있는 그대로 직면하는 용기가 필요합니다. 불안의 실체를 정확히 통찰할 때, 비로소 우리는 그것에서 자유로워질 수 있습니다.

일상 속 명상
습관화하기

마음챙김의 정수는 바로 '명상'meditation입니다. 명상은 고대부터 내면의 평화를 얻기 위한 수행법으로 활용돼왔죠. 최근에는 종교색을 뺀 채, 현대인의 정신 건강 증진을 위한 실용적 도구로 주목받고 있습니다.

명상의 목적은 바로 자신의 내면에 깊이 주의하는 것입니다. 산만한 일상에서 잠시 벗어나, 오롯이 자신만의 시간을 갖는 거죠. 명상의 순간은 내 안의 소리에 귀 기울이고, 마음속 풍경을 생생하게 바라볼 수 있게 해줍니다.

저도 처음 명상을 접했을 때는 낯설고 어려웠던 기억이 생생합니다. '5분도 가만히 앉아 있기 힘든데 어떻게 명상을 하지?'라는 막연한 두려움이 앞섰습니다. 하지만 이제는 불안이 찾아올 때마다, 특히 출퇴근 시간이나 중요한 회의, 보고를 앞둔 순간이면 들숨과 날숨에 온전히 집중하려 노력합니다. 불편한 마음이 스스로를 일깨웠기 때문입니다.

이렇게 호흡에 집중하는 시간을 통해 내면의 요동치는 파도가 점차 잔잔해지는 것을 경험하게 됩니다. 수많은 생각이 스쳐 지나가도 그저 바라만 봅니다. 그 어떤 생각에도 휘말리지 않고, 오직 지금 이 순간에만 머무르는 것입니다. 비록 짧은 시간이지만, 이런 순간들이 모여 하루를 살아가는 제 마음가짐을 완전히 바꿔놓습니다. 마치 고요한 평화가 온몸을 감싸며 퍼져나가는 것처럼, 편안함과 안정감이 찾아옵니다.

명상은 단순히 마음을 안정시키는 데 그치지 않습니다. 우리의 인지 체계와 사고방식을 근본적으로 변화시키는 도구가 될 수 있습니다. 스트레스가 닥쳐도 침착하게 대처할 수 있고, 역경이 와도 흔들리지 않는 마음의 근력이 생깁니다.

정리하자면, 우리가 불안에 사로잡혀 소중한 시간을 허비하지 않기 위해서는 무엇보다 자신의 내면에서 일어나는 감정과 생각에 주의를 기울이는 것이 중요합니다. 불안을 피하려 들기보다는 그것의 실체를 정확히 직시하고, 알아차림의 자세로 바라볼 때 비로소 우리는 불안에서 자유로워질 수 있습니다.

불안을 바라보는 3분 명상

우리 모두는 때때로 불안에 휩싸입니다. 하지만 그 불안을 어떻게 바라보느냐에 따라 대응은 크게 달라질 수 있습니다.

1. 편안한 자세로 앉으세요. 눈을 감아도 좋고, 부드럽게 바닥을 응시해도 좋습니다.
2. 깊게 숨을 들이마시고 내쉬면서, 현재의 불안한 감정에 주의를 기울이세요.
3. 그 불안을 마치 당신 앞에 놓인 물체처럼 상상해보세요. 어떤 모양인가요? 어떤 색깔인가요?
4. 이 불안을 판단하거나 바꾸려 하지 마세요. 그저 관찰만 하세요.
5. 1분마다 다음 질문을 스스로에게 해보세요:
   - 1분: "이 불안은 내게 무엇을 말하고 있나?"
   - 2분: "이 불안 뒤에 숨은 내 진짜 욕구는 무엇인가?"
   - 3분: "이 불안을 어떻게 수용하고 함께 갈 수 있을까?"
6. 3분이 지나면 천천히 눈을 뜨고 현재로 돌아오세요.

이 짧은 명상을 통해 여러분은 불안을 외면하지 않고 직면하며, 동시에 그것과 거리를 두고 관찰하는 법을 배울 수 있습니다. 불안이 찾아올 때마다 이 실천을 해보세요.

5

후회 없는
선택과 집중의 기술

우리 삶은 크고 작은 선택의 연속입니다. 어떤 길을 걸어갈 것인지, 무엇에 시간과 에너지를 투자할 것인지 끊임없이 결정해야 하죠. 문제는 선택의 순간마다 우리를 옥죄는 불안과 후회입니다. '잘 선택한 걸까?', '다른 길을 걸었다면 어땠을까?'라는 의문은 한 번 꼬인 실타래처럼 풀기 어려운 법입니다.

이런 불안의 늪에 빠지지 않으려면 무엇보다 선택에 대한 관점을 바꿀 필요가 있습니다. 선택이란 단순히 옳고 그름, 성공과 실패를 가르는 잣대가 아닙니다. 그보다는 내가 가진 에너지를 어디에 쏟아부을 것인가를 결정하는 나침반에 가깝습니다. 중요한 건 내가 선택한 길에 온 힘을 다해 집중하는 것입니다. 잘나가는 누군가의 길을 곁눈질하거나, 엇나간 선택을 후회하기보다는 지금의 선택이 최선이 되도록 매진하는 자세가 필요합니다.

하지만 말처럼 쉽지만은 않습니다. 영국의 문학가 조지 엘리엇은 인간이 스스로를 가두는 다섯 가지 정신적 감옥에 대해 언급했습니다. 자기중심적 사랑, 과거에 대한 향수, 타인에 대한 선망과 시기, 증오 그리고 근심. 우리는 이 좁은 감옥에 스스로 가두곤 합니다. 하지만 욕심에 사로잡혀 이것저것 욕심내다가는 정작 소중한 것을 놓치기 십상입니다.

무언가를 택한다는 건 동시에 다른 것을 내려놓는다는 뜻이기도 합니다. 중요한 건 이런 대가를 기꺼이 감수하려는 자세입니다. "어떤 걸 택하든 후회는 없다"는 마음가짐. 욕심을 버리고 지금 여기에 온전히 충실한 태도야말로 선택의 지혜를 깨우는 열쇠가 아닐까요?

인문적 사고의 틀
형성하기

그렇다면 우리는 어떻게 이런 지혜로운 선택의 기술을 익힐 수 있을까요? 무엇보다 스스로 생각하는 힘을 길러야 합니다. 넘쳐나는 정보의 홍수 속에서 깊이 있는 사유의 시간을 갖기란 쉽지 않습니다. 하지만 내 삶의 주인공으로 우뚝 서기 위해서는 인문학적, 사회학적 통찰력을 갖추는 게 필수적이에요.

가령 철학과 문학 작품을 탐독하는 일은 세상을 보는 눈을 키우는 데 큰 도움이 됩니다. 시대를 관통하는 보편적 가치, 인간 본성에 대한 깊이 있는 성찰. 그것이 바로 인문학이 선사하는 선물이죠. 아무리 혼란스러운 시대라 할지라도, 그 속에서 변치 않는 지혜의 도구를 발견할 수 있습니다.

또한 사회 현상을 꼼꼼히 들여다보는 사회학적 통찰력도 중요합니다. 주변에서 일어나는 크고 작은 사건들의 이면에 숨겨진 의미를 깊이 있게 탐구해보세요. 개인의 선택이 어떻게 집합적 흐름을 만들어내는지, 시대의 변화가 우리 일상에 어떤 영향을 미치는지 곱씹어보는 것입니다. 이런 거시적 안목이 있어야 비로소 주체적인 선택이 가능해집니다.

요컨대 세상에 던져진 수많은 정보를 그저 수동적으로 받아들이기보다는, 비판적으로 사유하고 내면화하는 과정이 필요합니다. 고민하고, 따져보고, 때로는 의심하면서 나름의 세계관과 가치관을 가다듬어 나가는 것. 그것이 바로 인문학적, 사회학적 사고의 힘입니다.

주체적 실존자로서
살아가기

프랑스 실존주의 철학자 장 폴 사르트르는 이렇게 말했습니다. "인간은 자유롭도록 선고받았다." 다시 말해 우리 각자는 삶의 유일한 주인공이자 책임자라는 거죠. 우리는 자신의 인생 항로를 주체적으로 설정하고 끊임없는 선택을 통해 그 길을 걸어가는 능동적 존재입니다. 이것이 바로 실존주의가 그리는 인간상입니다.

물론 이런 주체성에는 불안이 뒤따릅니다. 선택의 무게가 고스란히 나에게 돌아오는 막중함 앞에서 우리는 종종 주저하곤 하죠. 하지만 사르트르는 말합니다. 그 불안조차 받아들이라고. 그것은 내가 자유로운 존재임을 알려주는 증표라고요.

주체적으로 살아간다는 것은 자신의 가치관에 따라 당당하게 선택하고 그 결과를 받아들일 용기를 갖는 것을 의미합니다. 부모나 사회가 정해놓은 삶의 틀에 자신을 맞추기보다는, 내면 깊숙이에서 울려 퍼지는 자신만의 목소리에 귀 기울이는 것이 중요합니다. 때로는 그것이 고달프고 외로운 길이 될 수도 있습니다. 하지만 그 길 끝에서 우리는 진정한 자아를 만날 수 있습니다.

얼마 전 한 친구에게서 깊은 감명을 받았습니다. 대학에서 경영학을 전공했지만, 마음 한 켠에는 늘 연기에 대한 열정이 가득 자리 잡고 있었던 친구였습니다. 물론 경영학을 전공하며 연극 동아리 활동도 열심히 하던 친구라 공연을 보러 자주 찾아가곤 했습니다. 고등학교 때부터 감각이 남달랐던 터라 부모님은 말할 것도 없고 주변에서는 직장에서 꽤 높은 자리까지 오를 수 있을 거라 생각했지요. 그러던 그 친구가 끝내 자신이 꿈꾸던 연기자의 삶을 선택하고 연극 무대에 설 기회를 찾아 도전을 멈추지 않았습니다.

물론 그 길은 녹록지 않았어요. 긴 무명 생활에 지칠 때도 있었고, 가족들의 반대에 마음이 흔들릴 때도 있었습니다. 하지만 포기하지 않고 연극에 대한 사랑을 놓지 않았습니다. 자신이 가장 열정을 느끼는 일, 무대 위에서 관객과 호흡하는 그 순간을 향해 꿋꿋이 전진했죠. 지금 그 친구는 무대와 브라운관을 종횡무진하는 배우로 활약하고 있습니다.

이처럼 주체적 실존은 결국 내 삶의 무게중심을 어디에 두느냐의 문제입니다. 타인의 가치 기준에 휘둘리지 않고 자신의 내면 깊숙이에서 울려 퍼지는 소리에 귀 기울이는 것이 중요합니다. 그럴 때 우리는 비로소 정답 없는 인생 여정 속에서도 나침반을 발견할 수 있습니다.

선택과 집중. 그것은 단순히 무엇을 택하고 버리느냐의 문제가 아닙니다. 바로 마음이 이끄는 대로, 나만의 리듬에 맞춰

춤추듯 살아가는 법을 터득하는 것입니다. 수많은 유혹과 기회비용 앞에서 흔들리지 않는 단단한 내공. 그것이야말로 우리 각자가 불안을 넘어 당당히 설 수 있는 힘의 원천이 아닐까요?

불안은 우리 삶의 영원한 동반자일지 모릅니다. 하지만 우리에겐 그것을 딛고 일어설 저력이 있어요. 스스로 생각하고, 깊이 성찰하며, 때로는 세상과 맞서 싸워 나가는 용기 말이죠. 주체적 실존자로서 삶의 항해를 이어가는 한, 우리는 어떤 풍파에도 침몰하지 않을 것입니다. 자신만의 깃발을 높이 들고 당당히 전진하는 여러분이 되기를 응원합니다.

내 인생의 코어 밸류 디자인하기

우리는 종종 타인의 기준에 휘둘려 자신의 진정한 가치를 잃어버립니다. 여기서 소개할 활동은 '내 인생의 코어 밸류 디자인하기'입니다. 이 활동으로 자신만의 가치 기준을 세우고, 더 주체적인 삶의 결정을 내릴 수 있습니다.

1. 15분 동안 조용히 명상하며 다음 질문들을 깊이 생각해보세요.
   - 내가 진정으로 중요하게 여기는 것은 무엇인가?
   - 나를 가장 행복하게 만드는 것은 무엇인가?
   - 10년 후의 나는 어떤 모습이기를 바라는가?
2. 이 질문들에 대한 답을 간단히 메모하세요.
3. 메모를 바탕으로 5~7개의 핵심 가치를 추려내세요.
   (예: 자유, 성장, 창의성, 가족, 건강 등)
4. 각 가치에 대해 1~2문장으로 그 의미를 정의해보세요.
5. 이 가치들을 우선순위대로 나열하세요.
6. 카드나 종이에 이 가치들을 적어 항상 볼 수 있는 곳에 두세요.

앞으로 중요한 결정을 내릴 때마다 이 '코어 밸류'를 참고하세요. 여러분의 선택이 이 가치들과 얼마나 일치하는지 확인해보세요.

에필로그

불안은 삶의 조화를 위한
알람 기능

우리 삶의 여정에는 수많은 불안과 두려움이 함께합니다. 특히 30, 40대의 성인기를 거치면서 우리는 자주 정체성의 혼란과 심리적 불편함을 마주하게 됩니다. 가족과의 갈등, 직장에서의 스트레스, 인생의 방향성에 대한 고민…. 이 모든 것들이 우리를 불안의 늪으로 이끕니다.

하지만 심리학자들은 말합니다. 이런 불편함은 사실 우리에게 변화가 필요하다는 걸 알려주는 일종의 '알람'이라고요. 마치 자동차 계기판에 경고등이 들어오면 정비소에 가야 하는 것처럼, 우리의 내면에서 울리는 불안의 경고음은 성장을 위한 신호라는 거죠. 그러니 불안을 만났을 때 주눅 들 필요는 없어요. 오히려 "아, 이제 새로운 도약을 위한 시간이구나!"

라고 생각해보는 건 어떨까요?

　물론 마음의 평온을 찾기 위해 오랜 습관과 태도를 바꾸는 과정은 마치 오랜 연인과의 이별만큼이나 고통스러울 수 있습니다. 게다가 우리의 변화를 응원하고 지지해주는 사람은 생각보다 많지 않습니다. 그래서 종종 외로움과 싸워야 할 때도 있습니다.

　변화의 고통을 이겨내는 힘은 바로 확고한 '동기'에서 비롯됩니다. 내가 왜 이 힘든 과정을 겪어야 하는지, 어떤 삶을 위해 오늘도 맞서 싸우는지 늘 되새겨보세요. "새로운 나를 만나기 위해서라면 이 모든 걸 견뎌낼 수 있어!"라는 다짐 하나만으로도 우린 충분히 강해질 수 있습니다.

　어쩌면 우리가 선택한 변화의 길에는 정답이 없을지도 모릅니다. 앞이 캄캄하게 느껴질 때도 있겠지만, 내가 선택한 이 길이 진정 나다운 삶으로 이어질 거라는 믿음 하나만 있다면 우린 결코 길을 잃지 않습니다. 설령 첫 번째 선택이 내가 바라던 곳으로 데려다주지 않더라도, 그 경험 모두가 더 나은 선택을 위한 디딤돌이 될 테니까요.

　불안은 우리에게 하고 싶은 것, 되고 싶은 모습이 너무 많아서 생기는 감정일 때가 많아요. 너무 많은 가능성 앞에서 무엇을 먼저 해야 할지, 어떤 게 정답인지 고민되는 거죠. 이럴 때는 처음부터 완벽을 추구하기보다는, 내 마음이 먼저 이끄는 대로 한 발짝 내디뎌 보는 게 어떨까요? 그 길 위에서 만난 작은 성취감과 깨달음이 어느새 당신을 꿈꾸던 곳으로 인도 해줄 거예요.

불안의 실체는 변화에 대한 두려움과 미래에 대한 막연한 걱정입니다. 하지만 용기 내어 그 불안과 마주한다면, 우리는 결코 두려워할 필요가 없어요. 불안은 우리의 적이 아니라 오히려 인생의 나침반이니까요. 불편함을 감수하고 겪어낸 만큼, 우리는 한층 더 성숙해지고 단단해질 수 있습니다.

오늘도 수많은 불안의 파도가 당신을 덮칠지 모릅니다. 하지만 다시 일어설 힘이 당신 안에 있음을 잊지 마세요. 불안은 우리에게 더 큰 바다로 나아가라 손짓하는 알람입니다. 그 나침반을 따라 용기 있게 항해를 이어간다면, 반드시 찾던 섬에 도달할 수 있을 거예요. 당신의 항해를 응원하겠습니다!

다양한 관점으로 본 불안

불안의 여러 얼굴
이해하기

국어사전에서 불안(不安, Anxiety)을 찾아보면 "마음이 편하지 아니하고 조마조마함", "분위기가 술렁거려 뒤숭숭함", "몸이 편안하지 아니함", "특정한 대상이 없이 막연히 나타나는 불쾌한 정서적 상태. 안도감이나 확신이 상실된 심리 상태", "인간 존재의 밑바닥에 깃들인 허무에서 오는 위기적 의식" 등으로 설명한다.

쉽게 말해, 불안은 우리가 살아가면서 상황에 따라 겪게 되는 불편한 감정이다. 이 감정은 우리의 존재, 마음, 몸, 감정 등 여러 부분에 영향을 미친다.

불안은 마치 불편한 손님 같아서, 좋지 않은 상황이 올 것 같다는 예감이나 위험이 다가올 것 같은 느낌에서 생긴다. 이 불편한 손님은 때와 장소를 가리지 않고 찾아오며, 그 머무는 시간도 제각각이다. 몸으로 나타나는 반응으로는, 심장이 빨리 뛰고, 숨이 가빠지며, 땀이 나고, 가슴이나 배가 아프기도 한다. 때로는 두통이 생기고, 근육이 긴장되거나 소화가 잘 안 되기도 한다. 마음은 우울해지고, 무기력해지며, 모든 것을 포기하고 싶어지기도 한다.

불안은 당장 눈앞에 보이는 위험은 아니지만 '곧 위험해질 것 같아!'라는 생각에서 시작된다. 아직 일어나지 않은 나쁜 일을 계속 상상하며 그렇게 될 거라 믿는 걱정과는 조금 다르다. 또한 실제로 위험한 상황에서 느끼는 두려움이나, 더 강한 형태인 공포와도 구별된다.

불안을 바라보는 시각은 다양하다. 의사, 심리학자, 철학자들은 각자의 관점에서 불안을 설명한다. 이는 마치 여러 사람이 같은 그림을 보고 각자 다르게 해석하는 것과 비슷하다.

1. 정신의학적 관점:
불안 장애의 이해와 치료

불안에 대해 깊이 관심을 갖게 된 것은 대학원에서 "이상심리학"Abnormal Psychology 수업을 들으면서부터였다. DSM-IV(정신장애 진단 및 통계 편람 4판)에 나오는 불안장애에 대해 공부하다 보니, 그 증상들이 내 안에 있다는 걸 깨달았다. 그때부터 불안은 내 삶의 가장 큰 고민거리가 됐다.

물론 이런 불안을 모두 병으로 볼 필요는 없다. 우리 모두가 어느 정도는 이런 증상들을 가지고 있기 때문이다. 특히 현대를 살아가는 우리에게 불안은 더 큰 문제로 다가온다.

정신의학에서 보는 불안의 정의는 일반적인 것과 크게 다르지 않다. 다만 이 불안을 정신적 장애로 볼 것인지, 아닌지를 판단하는 기준을 정하고, 장애라고 판단되면 어떻게 치료할지를 고민한다.

불안장애는 일상생활이 힘들 정도로 과도하게 반응하고, 6개월 이상 지속되거나, 원인이 없어졌는데도 계속 불안해하는 경우를 말한다. 대부분은 불쾌한 자극이 사라지면 불안도 자연스럽게 없어진다. 그래서 상황을 잘 버틸 수 있도록 돕고, 필요하면 적절한 조치를 취한다. 하지만 삶을 심각하게 위협하는 불안이 계속되면 약물 치료를 하기도 한다.

의학적으로 불안장애에는 여러 종류가 있다. DSM-V(정신장애 진단 및 통계 편람 5판)에서는 공황발작, 광장공포증, 공황장애, 특정공포증, 사회불안장애, 강박장애, 외상 후 스트레스 장애 등으로 나눈다.

DSM-V에 따른 불안장애의 각 영역을 간략하게 살펴보면 공황발작은 비정기적으로 갑작스럽게 찾아오는 극도의 두려움과 공포로 곧 죽을 것 같은 생각에 사로잡히는 상태이다. 이때 과도한 땀, 떨림, 숨막힘, 답답함, 어지럼증, 죽음에 대한 공포와 두려움 등이 나타나는데 이는 공황장애, 사회공포증, 특정공포증, 외상 후 스트레스 장애, 급성 스트레스 장애 등에서도 동일한 증상으로 나타날 수 있다.

간단히 살펴보면, 공황발작은 갑자기 극도의 두려움을 느끼는 것이다. 광장공포증은 혼자 있거나 외출할 때 극심한 불안을 느끼는 것이고, 공황장애는 계속해서 공황발작이 일어날 것 같아 두려워하는 것이다. 특정공포증은 특정 대상(예: 뱀, 비행기)에 대해 극도로 두려워하는 것이고, 사회불안장애는 사회적 상황에서 불안해하는 것이다. 외상 후 스트레스 장애는 충격적인 사건을 계속 떠올리며 괴로워하는 것이고, 강박장애는 불안을 줄이기 위해 특정 행동을 반복하는 것이다.

정신의학적 관점에서는 불안이 우리를 보호하기 위한 자연스러운 방어 기제다. 이는 마치 우리 몸의 면역 체계처럼, 위험한 상황에서 우리를 지키고 적절한 대처를 가능하게 하는 역할을 한다. 하지만 이러한 '내적 경보 시스템'이 지나치게 예민해지거나 제대로 기능하지 못하면, 오히려 우리의 일상생활과 정신 건강을 심각하게 위협하는 요인이 된다. 이러한 상태를 '병리적 불안'이라 부른다.

이런 심각한 상태가 계속되면 여러 치료법을 사용한다. 불안을 일으키는 자극에 점차 익숙해지게 하는 '체계적 둔감법', 다른 사람의 행동을 따라하며 배우는 '모방학습', 두려운 상황에 직접 부딪혀보는 '노출법' 등이 있다. 필요하면 벤조다이아제핀, 세로토닌 재흡수 억제제 등 약물을 통해 불안장애를 치료하기도 한다.

만약 불안이 당신의 삶을 너무 힘들게 만든다면, 정신건강의학 전문의와 상담해보는 것도 좋은 방법이다.

2. 철학적 관점:
실존주의와 불안

철학적 관점에서 불안에 대한 관심은 키르케고르로부터 시작되었다고 볼 수 있다. 그는 "불안은 인간이 유한성과 무한성 사이에서 겪는 근본적인 모순에서 비롯된다"라고 말했다. 이 말은 우리가 일상에서 느끼는 불안의 본질을 정확히 짚어낸다. 철학에서 불안은 인간 존재의 불가피한 조건으로 여겨진다. 특히 실존주의 철학에서 중요한 주제로 다뤄져 왔다.

키르케고르는 불안을 독특하게 해석했다. 그는 "순진무구함은 무지이며, 무(無)는 불안을 낳는데, 순진무구함 자체가 바로 불안"이라고 말했다. 이는 우리가 아무것도 모르는 상태에서도 이미 불안이 존재한다는 의미다. 따라서 그는 불안을 부정적으로 보지 않았고, 오히려 인간의 본질적 특성으로 여겼다.

더 나아가 키르케고르는 "불안이 깊으면 깊을수록 인간은 위대하다"라고 주장했다. 이는 불안이 우리에게 자유와 가능성을 제시하기 때문이다. 예를 들어, 새로운 도전 앞에서 느끼는 불안 속에는 성공의 가능성도 함께 존재한다.

하이데거는 불안에 철학적 의미를 부여한 최초의 철학자로 평가받는다. 그는 인간을 "어디서 왔는지, 어디로 가는지도 모른 채 세상에 던져진 존재"로 보았다. 우리의 유한성, 즉 죽음의 불가피성과 그 시기의 불확실성이 불안의 근본 원인이라고 주장했다.

최근 알랭 드 보통은 '지위 불안'이란 개념을 소개했다. 그는 현대 사회에서 불안이 안정적인 삶을 위한 지위와 권력의 획득, 유지 과정에서 발생한다고 보았다. 절대적 신분 체계가 무너진 후, 노력을 통한 사회적 상승이 가능해지면서 타인과의 비교, 새로운 지위 상승에 대한 기대가 불안을 가중시킨다고 설명했다.

불안의 의미, 원인, 대처 방법을 고민하는 과정은 개인의 철학을 정립하는 과정이다. 반드시 고대나 현대의 복잡한 철학을 이해할 필요는 없다. 오히려 자신을 깊이 있게 이해하며 '개똥철학'이라도 좋으니 자신만의 삶의 가치 기준과 방향을 세우는 것이 중요하다.

3. 심리학적 관점:
다양한 학파가 바라보는 불안

심리학에서 불안을 보는 시각은 정신의학과 크게 다르지 않다. 둘 다 DSM-V라는 진단 기준을 바탕으로 비정상적인 불안을 판단한다. 하지만 차이점이 있다. 정신의학이 비정상적인 증상을 치료하는 데 중점을 둔다면, 심리학은 불안의 근본 원인을 찾고 그에 맞는 해결책을 제시하려고 한다.

심리학에서는 불안을 여러 관점에서 바라본다. 개인의 내면 갈등에 초점을 맞추는 정신분석적 접근, 학습과 경험을 중요하게 여기는 행동주의적 접근, 생각의 구조를 분석하는 인지심리학적 접근 등이 있다.

프로이드는 정신분석학 관점에서 불안을 설명했다. 그는 불안을 두 가지로 나눴다. 하나는 '신경증적 불안'이다. 이는 억눌린 성적 욕구가 변형되어 나타난다고 봤다. 예를 들어, 청소년기에 느끼는 막연한 불안감이 이에 해당할 수 있다. 다른 하나는 '현실적 불안'이다. 이는 실제 위험에 대한 반응으로 생기는 불안이다. 예를 들어, 시험을 앞두고 느끼는 긴장감 같은 것이다.

프로이드의 '신경증적 불안' 이론은 너무 성적인 면에 치우쳤다는 비판을 받았다. 하지만 '현실적 불안' 이론은 불안을 심리적 관점에서 설명하는 데 큰 도움을 줬다.

라깡은 불안을 조금 다르게 봤다. 그는 불안과 욕망의 관계에 주목했다. 라깡에 따르면, 우리는 불안보다 욕망을 선택한다. 왜냐하면 욕망을 유지하는 게 더 편하기 때문이다. 예를 들어, 취업에 대한 불안보다는 좋은 직장에 대한 욕망을 품는 게 더 쉽다는 것이다.

인지심리학에서는 불안을 왜곡된 사고 패턴의 결과로 해석한다. 우리의 사고, 신념, 가치관 등이 비합리적으로 왜곡되면 불안이 생긴다고 설명한다. 예를 들어, "나는 항상 완벽해야 해"라는 비현실적인 믿음이 불안을 키울 수 있다.

행동주의 심리학에서는 불안이 학습된다고 본다. 파블로프의 개 실험처럼, 특정 상황에서 반복적으로 불안을 경험하면 그 상황 자체가 불안을 일으키는 조건이 될 수 있다는 것이다.

이처럼 심리학은 불안의 다양한 원인과 구조를 탐구하며, 비정상적인 불안을 해결할 방법을 찾아왔다. 최근에는 MRI나 fMRI 같은 뇌 영상 기술을 활용해 불안의 신경학적 기반을 연구하고 있다.

이런 과학적 심리학의 발전으로 우리는 불안의 원인, 반응, 기능, 역할 등을 더 깊이 이해할 수 있게 됐다. 이를 통해 우리는 자신의 불안을 더 잘 이해하고 관리할 수 있게 될 것이다.

4. 직장인의 불안:
현장에서 본 불안의 실제

불안에 대해 오랫동안 고민하고 여러 학문적 접근을 정리하면서 깨달은 점이 있다. 불안을 단일 주제로 다룬 학문적 연구가 생각보다 많지 않다는 것이다. 왜 그럴까? 불안이라는 주제가 너무 광범위하고 복잡해서 하나로 정의하기 어렵기 때문일 것이다.

앞서 살펴봤듯이 불안은 간단히 정의하거나 단순한 원인으로 설명할 수 있는 것이 아니다. 불안의 원인은 셀 수 없이 많고, 우리는 매우 다양한 형태의 불안을 경험한다. 일례로, 아침에 눈을 뜨는 순간부터 잠자리에 들 때까지, 우리는 일상 속에서 다양한 형태의 불안을 경험한다. 지각할까 봐, 상사에게 꾸중 들을까 봐, 프로젝트를 제때 끝내지 못할까 봐 등등. 이런 불안들은 각기 다른 모습으로 우리를 찾아온다.

불안에서 완전히 자유로운 사람은 없다. 삶의 모든 측면이 불안의 대상이 될 수 있기 때문이다. 순간적으로 불안을 피하거나 잊을 수는 있겠지만, 근본적으로 불안을 없애는 것은 불가능하다.

불안은 불편하고 불쾌하며 때로는 고통스럽지만, 동시에 우리를 위험으로부터 보호하고 생존을 돕는 긍정적인 면도 있다.

예를 들어, 직장에서 중요한 프레젠테이션을 앞두고 느끼는 불안은 우리를 더 철저히 준비하게 만든다. 이 불안이 우리를 성장시키는 긍정적인 힘이 될지, 아니면 단순히 두려움과 공포를 키우는 요인이 될지는 전적으로 우리의 선택에 달려 있다.

그렇기 때문에 불안이 나에게 어떤 의미인지, 어떻게 작용하고 표출되는지, 내 삶에 어떤 영향을 주는지를 인식하고 이해하는 것이 중요하다. 이를 통해 우리는 불안을 더 긍정적으로 받아들이고, 관리하고, 활용할 수 있는 힘을 얻게 된다.

불안을 경험하면서 느끼는 감정과 생각들은 비록 유쾌하지는 않겠지만, 이는 성장을 위한 필수적인 과정이라는 점을 기억해야 한다. 불안을 잘 관리할 수 있는 기반이 마련되면, 우리는 지속적으로 심리적 성장을 경험할 수 있다.

불안은 우리 삶의 자연스러운 일부이며, 때로는 필요한 역할을 한다. 이러한 불가피한 불안을 완전히 없애려고 무리하게 노력하기보다는, 그것을 인정하고 적절히 관리하는 방법을 배우는 것이 더 현명한 접근법이다. 오히려 이런 부자연스러운 시도가 불안을 더 크고 심각하게 만들 수 있다. 대신 불안을 이해하고, 관리하며, 새로운 변화를 이끌어내기 위해서는 '인지와 행동'의 변화가 필요하다. 즉, 상황에 맞는 적응적 사고를 새롭게 정립하고, 이에 따른 행동 변화를 시도하며, 이를 안정적으로 유지하는 과정이 매우 중요하다.

예를 들어, 직장에서 새로운 업무를 맡게 되었을 때 느끼는 불안에 대해 생각해보자. "이 일을 하다가 망칠 것 같아"라는 부정적인 생각 대신 "이것은 내겐 새로운 도전이고, 이것으로 성장할 수 있어"라고 생각을 바꿔보자. 그리고 이런 생각을 바탕으로 실제로 새로운 기술을 배우거나, 동료들에게 조언을 구하는 등의 구체적인 행동을 취해보자.

이 책은 자기 이해와 불안에 대한 심층적 지식을 바탕으로 실효성 있는 불안 관리 방법을 제시한다. 이를 위해 심리학자의 통찰력 있는 관점과 인지행동주의Cognitive Behavioral Theory의 체계적 접근을 활용했다. 여기서 다루는 인지행동주의는 단순한 이론을 넘어선다. 이는 인지심리, 개인심리, 행동주의, 현실치료, 조건화 등 다양한 심리학적 이론과 기법을 융합한 총체적 접근법으로, 불안의 복잡한 메커니즘을 이해하고 효과적으로 대처하는 데 필요한 다각적 시각을 제공한다. 이를 통해 독자들은 자신의 불안을 더 깊이 이해하고, 일상에서 실천 가능한 구체적인 관리 전략을 습득할 수 있을 것이다.

우리는 흔히 '머리와 가슴 사이의 거리'라는 표현을 쓴다. 이는 머리로 이해하는 것과 이를 실제 삶에 적용하여 행동으로 옮기는 것 사이에는 큰 차이가 있다는 뜻이다. 인지적 변화는 고민과 생각을 통해 이루어지지만, 행동 변화는 실제로 불편함과 갈등을 겪으며 인내하는 과정을 거쳐야 한다.

예를 들어, 불안 때문에 회의에서 의견을 내지 못했던 사람이 있다고 하자. 이 사람이 "내 의견도 가치 있다"라고 생각을 바꾸는 것은 상대적으로 쉬울 수 있다. 하지만 실제로 회의에서 손을 들고 의견을 말하는 행동을 하는 것은 훨씬 더 어렵다. 이런 행동 변화는 안정된 상태와의 결별이며, 편안함과의 작별을 의미하기 때문에 고통스러운 과정일 수밖에 없다.

따라서 진정한 변화는 실제 행동으로 옮긴 사람만이 경험할 수 있다. 이는 실천한 이에게 주어지는 값진 보상이다. 인지적 차원의 성장과 적응적 행동 변화를 통해 불안을 관리하고 심지어 즐길 수 있게 된다면, 그것이야말로 우리가 얻을 수 있는 가장 큰 보상일 것이다.

반갑다 불안

초판 1쇄 발행 | 2025년 2월 19일

지은이 | 황준철

펴낸이 | 공태훈
펴낸곳 | 글의온도
출판등록 | 2021년 1월 26일(제2021-000050호)
주소 | 서울시 강동구 천중로 213, 621호
전화 | 02-739-8950
팩스 | 02-739-8951
메일 | ondopubl@naver.com
인스타그램 | @ondopubl